글로벌
기업과
인권경영

글로벌 기업과 인권경영

기업은 인권위험에 어떻게 대처해야 하는가?

인권경영의 방향과 표준을 제시하다

하승진·송기복

인권보호와 존중의 표준을 정립

기업은 강제·아동노동, 괴롭힘, 차별, 프라이버시 침해 등 다양한 인권 과제에 대응할 필요가 있다. 본 서는 기업이 인권위험과 인권침해에 어떻게 대처해야 하는지, 그 방향에 대하여 제시한다.

좋은땅

서문

지금까지 기업에서는 기업의 이윤 추구라는 대명제에 밀려 인권이나 윤리 등의 문제는 부차적인 것으로 치부되어 왔다. 그러나 1990년대 이후 글로벌 기업들이 개발도상국가에 진출하면서 강제노동이나 아동노동 등과 같은 인권침해 문제가 여러 나라에서 확대되고 본격적으로 큰 문제로 대두되었다. 이를 계기로 근로자와 주주, 거래처, 소비자 등 이해관계자에 대한 인권침해의 방지와 대처가 기업뿐만 아니라 국가적인 과제가 되었고, 이제 기업의 인권경영은 기업의 유지와 발전에 필수적인 요소인 동시에 사회적 책무로 인식하게 되었다.

기업이 인권경영을 통하여 인권에 대한 부정적 영향을 예방하거나 신속하게 해결함으로써 기업의 성장과 발전을 확보할 수 있음은 물론 사회의 발전에도 기여할 수 있다. 그리고 그 실현 가능성을 제고하기 위하여 주요 선진국의 인권경영 시스템과 현황을 비교·분석하고 관련 법제도를 검토하는 것이 필요하다. 이를 바탕으로 기업의 바람직한 인권경영 시스템을 구축하도록 인권경영의 발전 방안을 찾아야 한다.

본 서에서 인권의 역사적 전개 과정을 소개하고, 기업에서 행해지는 인권침해의 실태와 본질적인 문제점을 살펴본다. 또한 기업에서 나타나는 인권침해의 사례와 쟁점을 분석함으로써 건전한 기업활동의 토대를 마련하고, 기업의 지속 가능한 발전 방안을 모색한다. 나아가 주요 국가의 인권경영의 기본 원칙과 운영상황 등을 살펴보고 인권경영의 도입과 확산의 필요성을 설명한다.

이를 위해 첫째, 기업경영자는 물론 이해관계자들이 기업의 사회적 책임과 인권경영의 중요성을 인식하고 인권보호를 위한 기업의 책무를 다하는 자세가 중요하다는 점을 주장하였다. 둘째, 기업에서의 인권침해에 대한 원인규명과 사실조사가 중요한 과제이므로 소위 '인권실사'를 통해 인권에 대한 부정적 영향을 방지하는 것이 필요하다. 이는 기업의 위기관리로 이해관계자의 인권을 침해하는 요소를 발견하고 대처하는 것이다. 셋째, 인권침해의 사전방지를 위해서 인권보호지침을 공표하는 방법이 필요하다. 이는 당해 기업의 인권존중에 대한 인식과 각오를 선언하는 것으로 인권지침은 기업 구성원은 물론 이해관계자와 일반인에게 공개되어야 함을 강조하였다. 넷째, 기업은 인권경영을 위한 시스템의 구축과 기업 내외부의 커뮤니케이션을 강화함으로써 사전예방과 조기해결이 가능하다는 의지를 나타내야 한다. 나아가 사실조사와 불만처리를 위한 시스템을 구축하고 사건의 조사와 해결을 위해 외부 전문가로 구성되는 제3자 위원회의 설치와 기업의 인권센터 설치를 제안하였다.

본 서는 저자의 박사학위 논문인 "기업의 글로벌 경영과 인권

보호에 관한 연구"를 수정·보완하였다. 서적의 출간에 도움을 주
신 은사님들과 선후배님께 감사드린다.

저자 하승진·송기복

차례

제1장

본 서의
구성

인권문제는 기업활동에 큰 영향을 미치는 것으로 인식되어 기업은 자사뿐만 아니라 공급망(Supply Chain)상의 인권에 대한 배려도 요구된다. 기업의 인권존중은 자사에 긍정적 영향을 미친다고 생각되는 한편 인권문제에 대한 대처가 불충분한 경우에는 경영 리스크가 될 수도 있다. 따라서 기업경영에 수반되는 인권침해의 위험을 파악하고 그 예방을 위해 노력하는 것이 필요하다.

2000년대 이후 아프리카의 광산, 동남아시아의 팜 농원 등에서의 불법적인 노동실태가 널리 알려지자 국제인권단체 등은 기업에 책임 있는 조달을 요구해 왔다. 이러한 상황에서 유엔은 "유엔 기업과 인권 이행원칙(UN Guiding Principles on Business and Human Rights)"에서 기업활동에 있어서 인권존중·보호·구제 등이 국가의 의무임과 동시에 기업의 책임임을 규정하였다.

이것은 국제적인 표준으로 공급망을 포함한 이해관계자와 대화, 효과적인 불만처리 등 인권존중을 나타내는 것이다. 나아가 다국적기업은 자사의 공급망 내 인권침해를 방지하기 위해 노력하고 있으며, 이는 국내 기업에서도 마찬가지일 것이다. 따라서 거래처를 포함하여 인권에 대해 위험을 특정하고 적절한 대책 마련이 필요하다.

또한 해외에서는 기업의 인권존중의무를 정하는 법제도적 정비가 가속되고 있다. 예를 들면, 인권실사에 대한 법제화를 포함하여 자국기업의 공급망상 강제노동에 대한 조사·보고 요구, 인권조사나 개선계획의 공표, 손해배상책임 규정, 아동노동에 대한 조사를 의무화하는 법률이 시행되고 있는 것이다.

본 서는 인권의식의 확대에 따른 사회적 영향과 국제기구의 인권조약과 주요 국가의 법제도를 비교·분석함으로써 기업의 인권정책의 방향성과 대응 방안 등을 제시하고자 한다.

제2장에서는 인권의 개념을 정의하고, 인권 개념의 발전에 따른 사회적 영향을 검토한다. 우선 인권의 정의와 관련하여 세계인권선언문에 담긴 권리와 의무, 유럽인권조약(European Convention on Human Rights), 미주인권협약(American Convention on Human Rights), 그리고 우리나라에서 인권 개념의 확대 과정을 검토한다.

제3장, 제4장에서는 인권경영의 도입의 필요성과 기본 원칙에 대해 설명한다. 기업의 사업활동이나 투자활동이 특히, 개발도상국 등으로 급속히 확산되고 있으며 우리나라 기업도 해외에서 생산, 판매하는 비율이 해마다 높아지고 있다. 이러한 글로벌 기업의 활동은 개발도상국 등에 큰 변화를 가져오고 인권에 대해 기업활동이 미치는 영향도 확대, 심화되고 있다. 따라서 인권문제에 대한 기업의 역할과 책임이 높아지고 있다.

그러나 세계화에 따른 개발도상국의 경제사회 변화에 대해 인권보호에 대한 통치·관리(Governance)의 부족, 세계 각지의 인권침해에 대한 비판, 기업의 인권보호에 대한 인식이 충분하다고는 할 수 없다.

따라서 인권보호를 위한 국가의 책무, 인권보호를 위한 기업의 책무, 인권침해의 구제 방법과 원칙 등을 검토하고 나아가 기업의 지속 가능 경영을 위한 기본요소로서 ESG 경영과 인권, 인권과 관련된 SDGs(Sustainable Development Goals)의 목표, 기업이 존중해야 할 인권 주체·범위 등에 대하여 설명한다.

제5장에서는 미국과 영국, EU, 일본 등의 인권정책과 정부정책의 방향, 학계 및 전문가그룹의 연구동향 등을 설명하고 동시에 인권침해에 대한 규제로써 법제도와 사법적 책임 등에 대해서도 살펴보고 새로운 정책 방향을 제시한다.

제6장에서는 인권침해에 대한 기업의 대처와 국내외 법제도의 한계와 문제점, 주요 국가의 인권제도 등을 비교·분석하여 기업경영에서 인권을 보호하고 인권침해를 방지하기 위한 대응 방안을 제시한다. 그리고 기업이 위기관리를 개시하는 프로세스, 사실관계를 파악하는 프로세스, 파악된 사실이 기업에 어떠한 영향을 미치는지 평가하는 프로세스, 대응을 실시하는 프로세스와 함께 위기관리의 저해요인, 이를 극복하기 위한 과정을 설명한다.

제7장은 결론으로, 기업경영과 관련된 모든 단계와 범위에서 인권침해 위험은 항상 존재하므로 기업은 그 관리를 철저히 해야 한다. 즉, 기업이 인권존중 의무와 책임을 다하기 위해 정부와 전문가, 국민들의 관심과 노력이 필요하다는 사실을 강조한다.

제2장

인권의
발전과정

인권이란 무엇인가

1. 인권의 정의

(1) 인권의 개념

인권은 인간으로서 존엄과 가치 및 자유와 권리를 말한다.[1] 이는 국가 최고 권위인 헌법에서 논의되는 것을 넘어 국제규범이나 국제인권법 등을 통해 그 지향점이 확인되고 있다. 이러한 인권이 문헌적으로 구체화된 것은 봉건제에 대한 저항의 시발점이 된 프랑스 인권선언과 미국 독립선언문을 통해서 알 수 있다. 물론 그 이전에도 인간이 태어날 때부터 부여받은 권리가 있다는 논의는 중국을 비롯해 이라크, 아프가니스탄, 페르시아의 역사에서, 그리고 기원전 1800년 함무라비 법전에서도 그 내용이 확인되고 있다.

1　「국가인권위원회법」제2조(정의)에서 인권과 관련하여 다음과 같이 정의하고 있다.
　　"인권"이란 「헌법」 및 법률에서 보장하거나 대한민국이 가입·비준한 국제인권조약 및 국제관습법에서 인정하는 인간으로서의 존엄과 가치 및 자유와 권리를 말한다.

한편 제2차 세계대전 이후 유엔총회에서 세계인권선언문(Universal Declaration of Human Rights)이 채택되고 이후 인권이 보편화와 국제화되는 현상이 나타났다. 즉, 인권의 보편화는 유엔에 가입한 국가에서 헌법에 인권보장을 규정하는 것으로 나타나고, 인권의 국제화는 인권이 국제법에 의해 보장되는 형태로 나타나게 된 것이다. 이렇듯 인권의 보편화·국제화되는 시점이자 중심에는 세계인권선언문,[2] 사회권 규약, 자유권 규약 등이 있다.

이 가운데 세계인권선언문은 유엔헌장 중 기본적 자유와 인권에 관련된 부분을 보다 구체적으로 정의한 것으로, 현재는 국제관습법으로 인식되고 있으면서 모든 유엔 회원국에 구속력을 가진다. 이는 1966년에 채택된 「시민적 및 정치적 권리에 관한 국제규약(International Covenant on Civil and Political Rights)」과 「경제적·사회적 및 문화적 권리에 관한 국제규약(International Covenant on Economic, Social and Cultural Rights)」을 그 예로 들 수 있다.

---

2 「세계인권선언문」제1조. 모든 사람은 태어날 때부터 자유롭고, 존엄하며, 평등하다. 모든 사람은 이성과 양심을 가지고 있으므로 서로에게 형제애의 정신으로 대해야 한다. 제2조. 모든 사람은 인종, 피부색, 성, 언어, 종교 등 어떤 이유로도 차별받지 않으며, 이 선언에 나와 있는 모든 권리와 자유를 누릴 자격이 있다. 제3조. 모든 사람은 자기 생명을 지킬 권리, 자유를 누릴 권리, 그리고 자신의 안전을 지킬 권리가 있다. 제4조. 어느 누구도 노예가 되거나 타인에게 예속된 상태에 놓여서는 안 된다. 노예제도와 노예매매는 어떤 형태로든 일절 금지한다. 제5조. 어느 누구도 고문이나 잔인하고 비인도적인 모욕, 형벌을 받아서는 안 된다.

이러한 규약은 '국제인권장전'이라고 볼 수 있으며 국가 간의 국제적 합의는 각국의 법제도에 편입되는 것을 전제로 하므로 가입국은 이러한 규약을 국내법에 반영하여 이를 시행할 의무를 지게 된다. 또한 1950년 유럽인권조약, 1969년 미주인권협약, 1981년 사람 및 시민의 권리에 관한 아프리카 헌장 등 인권에 관한 다양한 조약이 합의·비준되었다.

인권은 그 개념이 등장한 이후 다양한 영역에서 세계적으로 관심을 받으며 확장되어 왔지만, 우리나라에서는 직장에서의 남녀차별, 괴롭힘 등과 같은 개별적이거나 구체적인 문제에 치중되어 왔기 때문에 비교적 좁은 범주에서 그 논의가 전개되어 왔다. 그러나 헌법재판소에서 기본권을 수호하는 방향으로 결정이 나고 각 법원에서 인권을 중심으로 하는 판결이 나타남에 따라 점차 인권의 범주 또한 확대되어 1990년대 이후부터는 인권에 대한 논의가 전문화와 다변화를 이루게 되었다.

(2) 인권의 특징

인권이란 개념은 사회적 개념으로만 존재하거나 규범적으로만 존재하는 개념이 아니라 "사회 규범적 요구"라고 볼 수 있다. 왜냐하면 인권은 궁극적으로 정치권력과 시민의 관계 등에 있어서 일정한 자유와 권리가 모든 사람에게 평등하게 보장되고 배분되어야 하기 때문이다.

이는 단순히 사회적 가치만을 지니거나 규범적 가치만 가지는 것이 아닌 사회나 규범에 그 가치가 모두 반영되어야 하고 지켜져야 한다는 것을 의미한다. 따라서 인권은 시민·사회적 권리이면서 동시에 정치·경제적 권리이기도 하다. 또한 인권은 규범적으로 시대의 어떤 상황에서도 존중받아야 할 인간의 기본적 권리이므로 실정법적으로는 기본권의 형태로 표현된다.

따라서 「헌법」에 실정법으로 그 권리가 보장되고, 만약 명문으로 열거되지 않은 기본권이라 할지라도 「헌법」 제37조 제1항에 의해 인권적 가치는 기본권으로 그 지위가 당연히 인정된다.[3]

또한 인권은 세계적으로 공통된 가치를 가진다는 특징이 있다. 고문이나 비인도적인 행위, 동의 없는 의학적·과학적 실험의 금지, 채무노예의 금지, 소급처벌의 금지, 노예거래·제도나 사상·양심의 자유 등은 비단 국내법에 의해서만 인권이 존중받을 것이 아니라 범세계적 공조 속에서 대응할 필요가 있는 문제라고 할 수 있다.[4]

---

3   「헌법」 제37조 제1항은 "국민의 자유와 권리는 「헌법」에 열거되지 아니한 이유로 경시되지 아니한다"고 규정하고 있다.

4   이들은 「시민적 및 정치적 권리에 관한 국제규약(B규약)(International Covenant on Civil and Political Rights)」의 효력정지 금지 조항과 관련된 여러 권리이다. 이 규약의 당사국은 「국제연합헌장」에 선언된 원칙에 따라 인류사회의 모든 구성원의 고유의 존엄성 및 평등하고 양도할 수 없는 권리를 인정하는 것이 세계의 자유, 정의 및 평화의 기초가 됨을 고려하고, 이러한 권리가 인간의 고유한 존엄성으로부터 유래함을 인정하며, 「세

그리고 인권은 내·외국인을 불문하고 인류에 대한 보편적 가치와 애정을 바탕으로 국내법과 국제조약의 효력을 위해 제도적으로 구현할 필요가 있다. 이러한 제도를 통해 인권이 갖는 보편성을 바탕으로 누구나 인권원리를 확인할 수 있고, 구제를 요청할 수 있도록 사회적 지지를 받게 된다. 또한 정부는 제도적으로 인권존중과 인권실현을 위해 노력해야 하는데 이는 인권의 가장 중요한 특징인 사회적·규범적 특징이라고 할 수 있다.

(3) 인권의 구성 요소

인권은 사회적·규범적 특징에 더해 불가침성과 불가양성, 보편성과 평등성 그리고 불가분성과 상호 의존성을 핵심적 요소로 한다. 우선 인권의 불가침성과 불가양성은 인간이 태어나면서부터 가지는 것으로 국가나 타인에게 상실되거나 빼앗기는 것이 아니라는 점을 의미한다. 물론 예외적으로 특정 상황에서 필요한 최소

계인권선언」에 따라 시민적, 정치적 자유 및 공포와 결핍으로부터의 자유를 향유하는 자유인간의 이상은 모든 사람이 자신의 경제적, 사회적 및 문화적 권리뿐만 아니라 시민적 및 정치적 권리를 향유할 수 있는 여건이 조성되는 경우에만 성취될 수 있음을 인정하며, 인권과 자유에 대한 보편적 존중과 준수를 증진시킬 「국제연합헌장」상 국가의 의무를 고려하며, 타인, 그리고 자신이 속한 공동체에 대한 의무를 가지고 있는 개인이 이 규약에서 인정된 권리의 증진과 준수를 위하여 노력할 책임이 있음을 규정하고 있다.

한의 제한을 법률에 의해 부과하는 것이 인정된다.[5]

그러나 그러한 경우라 하더라도 인권존중에 관한 권리, 생명에 대한 권리, 고문을 받지 않을 권리, 사상·양심의 자유, 종교의 자유 등에 내재된 인권의 본질적인 부분에 대해서는 제한할 수 없다. 또한 인권은 모든 사람이 언제 어디서라도 변함없이 가지게 되는 평등이라는 가치를 주요 요소로 한다. 평등 또한 어떤 조건 없이 존중되어야 하며, 이는 인종·성별·국적·출신, 정치적 의견 등을 이유로 차별하는 것이 허용되지 않는다는 것을 의미한다.

이러한 평등성은 평등과 관련된 문제이면서 인류 보편적 가치라는 점에서 보편성의 문제이기도 하다. 따라서 각 개인의 인권에 대한 우열과 취사선택은 허용되지 않으며 인권을 전제로 다양한 제도를 받아들여야 한다. 세계적으로 선언되는 인권조약에는 이러한 인권의 주요 요소들이 내재되어 있으나 단일의 인권조약 속에 모든 인권 요소가 포함될 수는 없다. 따라서 각 인권조약은 상호 보완하는 관계에 있으며, 어떤 하나의 권리가 규정되어 있지 않다고 하여 그 권리가 보장되지 않는 것이라는 의미는 아니다. 당연히 인류의 모든 인권조약은 인권의 주요 요소의 여러 가치를 보장할 때에도 상호의존성과 보완성을 지닌다고 보아야 한다.

---

5 기본권 또한 「헌법」 제37조 제2항에서 "국민의 모든 자유와 권리는 국가안 전보장·질서유지 또는 공공복리를 위하여 필요한 경우에 한하여 법률로써 제한할 수 있으며, 제한하는 경우에도 자유와 권리의 본질적인 내용을 침해할 수 없다"고 규정하고 있다.

인권은 어떻게 발전되어 왔는가

1. 인권의 발전과정

(1) 마그나카르타

국제인권의 핵심 개념인 개인의 자유·평등은 봉건사회에서 통치자에 의한 자의적인 개인의 권리 박탈을 금지하는 1215년 영국 마그나카르타(Magna Carta)에서 시작되었다. 이후 1689년 의회주권이 규정되어 입헌주의 발전에 따라 개인의 자유·평등의 개념이 전개되었다. 그러나 이 시기의 권리나 자유는 '신민(臣民)'에게 인정되는 것으로서 일정한 제한을 수반하는 것이었다.

이후 철학자 임마누엘 칸트(Immanuel Kant), 존 로크(John Locke), 장자크 루소(Jean-Jacques Rousseau)와 같은 유럽 계몽사상가에 의해 '사람은 누구나 태어나면서 평등하게 갖는 권리'라는 자연권으로서의 인권 개념이 발전하였다. 그리고 이러한 인권 개념은 1776년 미국 독립선언과 1789년 프랑스 인권선언에 의해 더욱 구체화되었다.

(2) 미국 독립선언문과 프랑스 인권선언

미국 독립선언 전문에서는 모든 인간의 평등, 생명·자유·행복 추구의 권리를 규정하고 있으며, 정부는 이러한 권리를 보장하는 역할을 부여받고, 정부의 권력은 시민의 동의로서 민주적 정당성에 기초한 것임을 선언하고 있다. 이후 1787년 「신헌법」 제정 당시에는 기본적 인권 조항이 포함되어 있지 않았으나 1791년에는 「헌법」의 수정 조항에 종교, 언론, 출판, 집회의 자유 등 개인의 권리 보호를 위해 권리장전을 규정하였다.

미국의 독립에 영향을 받은 프랑스에서는 절대왕정에 대한 혁명이 일어났고, 그 결과 1789년 8월 프랑스 인권선언이 채택되었다. 프랑스 인권선언에서는 국민의 자유와 평등, 국민주권, 법의 지배, 권력분립, 인권보장 원리 등이 「헌법」에 불가결한 요소임을 규정하게 되었다. 이러한 인권보장은 각국의 「헌법」 체제를 전제로 하는 것이었기 때문에 개인은 「헌법」에 의해 국가권력의 남용으로 인한 인권침해로부터 자신의 권리를 지켜 왔다.

따라서 인권보장은 국가 간 주권이 인정되는 이상, 평등하다는 주권평등의 원칙을 전제로 하는 것으로 볼 수 있다. 이는 국가가 자국의 영토 내 사람들을 어떻게 통치할지는 어디까지나 국가의 판단에 의한 것이며, 영토에 대한 주권에서 나오는 국가의 배타적 관할권 즉, 속지주의[6]에 입각하여 다른 나라는 관여하면 안 된다

---

6 속지주의(Territorial Principle)는 법의 적용 범위에 대한 입법주의 가운데 지역을 관할권의 기준으로 하는 입장이다. 즉, A국의 영토 안에 있는 대상은 A법을 적용받는다. 속지주의는 국가가 영역주권을 가진다는 것을 근거

고 여겨졌다.

　나아가 인권보장은 전통적으로 대등한 주권국가 간의 법으로 국제법의 범주에 속하는 사항으로 여겨지지 않았으며, 당시의 인권은 현대사회의 인권 개념과는 달리 모든 사람에게 평등하게 주어졌던 것이 아니었다. 예컨대 미국 내 흑인 노예가 헌법상 평등한 권리를 인정받은 것은 남북전쟁 이후 민권운동을 거친 1860년대이다.

　그 밖에도 여성이 참정권을 인정받게 된 것은 미국에서는 제1차 세계대전 이후이며, 프랑스에서는 제2차 세계대전 이후였다. 이와 같이 인권 개념을 확립하고 발전시켜 나가는 과정의 중심에 있던 유럽이나 미국에서도 식민지 지배의 역사에서 보듯이 평등이라는 개념은 한정적이며 출생, 종교, 성별에 관계없이 개인에게 부여되는 것이 아니었으며 제도상으로도 그러한 취급은 부정되지 않았다.

(3) 경제 성장과 인권

　18세기 후반 산업혁명과 20세기 자본주의 경제는 사회적 양극화, 공황, 실업, 노동 문제와 같은 새로운 사회문제를 야기했다. 이러한 사회문제의 대두는 시민사회에서 자유권 이상의 인간다

로 국제법상 널리 인정된다. 여기서 관할권은 국가의 사법권이 미치는 권능이다.

운 생활의 보장을 국가에 요구하는 것으로 이어졌다.[7] 예를 들면, 1919년에 제정된 「바이마르 헌법」은 세계 최초로 사회권을 보장한 헌법이다.

그리고 전시에 개인의 처우에 관한 「국제인도법」과 함께 제1차 세계대전부터 제2차 세계대전 사이에는 국제정치상 전략적 이유에 근거한 소수자 보호조약이나 인권보장의 일반화에 대한 필요성이 논의되었다. 그리고 제2차 세계대전에서 추축국(樞軸國)에 대한 전체주의 타도를 내세운 연합국 측의 전쟁 목적으로서 민주주의 옹호와 인권존중의 필요성이 대전 이후에는 발전된 국제인권체제로 이어진다.

2. 사회권 형성과 시민적·정치적 권리의 확대

19세기에서 20세기 인권사상의 발전은 국가나 사회가 인간의 자유를 억압하지 않는 자유권의 확립뿐만 아니라 인간적 노동이나 교육, 생존을 보장하는 사회권의 형성으로 이어졌다. 나아가 시민혁명은 인권의 적용에서 배제된 소수자에게 시민적·정치적 권리를 확대하는 운동으로서 나타났다. 이러한 운동은 모든 인간에게 인권을 실질적으로 확립하는 것이라고 볼 수 있다.

---

7 따라서 인간의 기본적 권리는 사회운동으로 쟁취한 것이다.

(1) 노동기본권의 확립

여기에서 나타나는 것은 첫째, 노동기본권의 확립이다. 그것은 19세기 영국의 '공장법'[8]에서 근로자 보호나 노동조합의 단결권, 단체 교섭권, 쟁의권의 획득으로 나타났으며 이는 노동력의 활용과 배분 등에 필요한 시도라고 볼 수 있다.

(2) 참정권의 확대

19세기 영국의 근로자들은 성인 남자의 보통 선거권을 중심으로 한 시민헌장의 제정을 요구하는 차티스트 운동(Chartist Movement)[9]을 벌였다. 이러한 운동을 통해 정치에 참가할 수 있는 시민으로서의 권리를 획득하고 인간으로서의 권리도 획득할수 있는 것이다. 그러나 이 운동에도 불구하고 시민헌장 제정에는 실패하였으나 그 성과는 선거법의 개정으로 나타났다. 이렇게 해

---

8   산업혁명 시기에 근로자들은 과도한 근로 시간과 열악한 근로 환경에서 혹사당했다. 이러한 노동 인권과 환경에 대한 규제를 시도한 법률로 1833년 제정되었다.

9   차티스트라는 용어는 노동자들이 제기한 인민 헌장(People's Charter)에서 유래하는데 보통선거와 비밀선거, 선거구 평등화, 재산에 따른 피선거권 자격제한 폐지 등과 같은 내용을 담고 있으며 1838년부터 1840년대 후반까지 보통선거를 바탕으로 한 의회민주주의의 실시를 요구하며 영국에서 벌어졌던 최초의 노동자 운동이다.

서 19세기 후반 이후, 남성의 보통 선거권이 성립했다. 그러나 여성에 대한 참정권 확립은 20세기의 과제로 남았다.

(3) 교육권의 확립

18세기 시민혁명 시기에 있어서 마르키 드 콩도르세(Marquis de Condorcet)[10] 등에 의해 인간적 권리의 평등을 현실적으로 실현하는 수단으로써 공교육이 주장되었다. 이는 노동운동이나 사회주의 운동에서의 근로자나 시민의 인간적 발전을 위한 교육권을 주장하는 것이었으며 이후 19세기 후반에는 의무교육 제도가 발전했다. 이것은 근로자나 시민의 교육권을 실현하는 것이라는 측면과 지배층이 보통선거제도에 대응하여 국민을 통합하고 엘리트를 구분하여 국가에 충실한 국민이나 순종적인 근로자를 만드는 것이라는 측면의 이중적 성격을 가지는 것이기도 했다.

(4) 생존권의 확립

노동운동이나 사회주의 운동에서 실업이나 질병, 노령 등으로 노동을 할 수 없는 사람들의 살 권리를 주장하고 기업이나 국가의

---

10 마르키 드 콩도르세는 프랑스 혁명을 이끈 인물 중 한 명으로 노예 해방과 여성의 참정권을 옹호하였으며, 진정한 자유와 정치적 평등을 위해서는 공교육이 필요하고 이것을 국가가 주도해야 한다고 주장하였다.

부담을 전제로 한 사회보험제도를 요구해 왔다. 이러한 영향으로 자본주의 국가에서도 생존권이 인정되어 사회보장제도가 만들어졌다. 예를 들면, 독일의 「바이마르 헌법(1919년)」은 경제생활 질서는 모든 자에게 인간다운 생활을 보장할 것을 목적으로 하는 정의의 원칙에 적합해야 한다(제15조)고 규정하며 포괄적인 보험제도의 설치를 규정하고 있다.

하지만 시민혁명 이후에도 긴 시간에 걸쳐 인권의 실질적인 적용에서 배제되어 온 원주민, 소수민족, 흑인, 장애인 등에 대한 권리를 확대하고자 하였다. 그럼에도 이러한 사회권의 승인과 그 실질적인 보장은 아직 부족하여 오늘날의 과제이기도 하다.

3. 인권의 범위

일반적으로 인권이란 국제적으로 인정된 인권을 말하며,[11] 여기에는 국제인권장전(International Bill of Human Rights)[12]에

---

11 우리나라의 「헌법」이 보장하는 인권이 존중되어야 하는 것은 당연하다.

12 국제인권은 세계인권선언 및 이를 조약화한 시민적 및 정치적 권리에 관한 국제규약, 경제적, 사회적 및 문화적 권리에 관한 국제 규약을 가리킨다. 또한 국제적으로 인정된 인권은 국제적 논의의 발전 등에 의해 달라질 수 있다. 2022년 7월 유엔 총회에서 "깨끗하고 건강하며 지속 가능한 환경에 대한 인간의 권리(Human Right to Clean, Healthy, and Sustainable Environment)"가 채택되었다.

서 규정하는 것과 노동에서의 기본적 원칙 및 권리에 관한 선언 (Declaration on Fundamental Principles and Rights at Work)에서 규정된 원칙[13]이 포함된다. 따라서 기업은 강제노동[14]이나 아동노동[15]의 금지, 결사의 자유, 단체교섭권, 고용 및 직업에서의 차별을 받지 아니할 자유, 거주이전의 자유, 사회적 출신 및 성별에 의한 차별을 받지 아니할 자유 등에 관한 영향에 대해 검토할 필요가 있다.

(1) 인권보호의 범위

인권보호가 부족한 국가나 지역 등에서는 인권에 대한 부정적인 영향에 특히 유의할 필요가 있어 선제적 대응이 필요하다. 또

---

13 결사의 자유 및 단체교섭권의 효과적인 승인, 모든 형태의 강제노동 금지, 아동노동의 실효적 폐지, 고용 및 직업에서의 차별 배제, 안전하고 건강한 근로환경을 가리킨다.

14 ILO는 '강제노동'이란 어떤 사람이 처벌의 위협 아래 강요되거나 그 사람이 스스로 임의로 신청한 것이 아닌 일체의 노무를 지칭한다고 보았다.

15 아동노동은 최저 취업연령에 미달하는 아동에 의한 노동을 말한다. 구체적인 연령은 각국 법에 의해 정해지지만 ILO '취업이 인정되기 위한 최저연령에 관한 조약(제138호)'은 일정한 예외를 제외하고 의무교육이 종료되는 연령 및 15세를 밑돌아서는 안 된다. 또한 ILO '최악의 형태의 아동노동 금지 및 철폐를 위한 즉각적인 행동에 관한 조약(제182호)'은 18세 미만의 아동에 의한 최악의 형태의 아동노동(아동의 건강, 안전 또는 도덕을 해칠 우려가 있는 성질을 가진 업무를 포함한다)을 금지하고 있다.

한 국제적으로 인정받은 인권에 상관없이 각국 법령에서 인정되는 권리나 자유를 침해해서는 안 되며, 법령을 준수해야 하는 것은 당연하다는 점에 유의할 필요가 있다. 한편 각국의 법령을 준수하고 있더라도 인권존중 책임을 충분히 이행하고 있다고 볼 수 없으며, 법령 준수와 인권존중 책임이 반드시 동일한 것은 아니다. 특히 어떤 국가의 법령이나 집행에 의해 국제적으로 인정된 인권이 적절하게 보호되지 않는 경우에는 가능한 국제적으로 인정된 인권을 최대한 존중하는 방법을 추구해야 한다.

(2) 기업활동과 인권의 부정적인 범위

기업활동으로 생기는 인권에 대한 부정적인 범위는 기업에서 자체적으로 발생하거나, 직간접적으로 인권침해를 조장하는 경우를 들 수 있다. 그리고 그 외에 기업의 제품·서비스와 직접 관련 있는 인권침해적인 영향에 대해서도 고려해 볼 수 있다. 또한 현재 발생하고 있는 부정적인 영향뿐만 아니라 잠재적인 인권침해도 부정적인 범위의 대상이 될 수 있다.

우선 자사공장의 근로자를 적절한 안전장비 없이 위험한 근로환경에서 일하게 하는 경우나 자사공장에서의 화학물질 유출로 지역의 식수를 오염시키는 경우와 같이 기업이 자체 활동을 통해 부정적인 영향을 야기하는 경우가 있다.

둘째, 과거 거래실적을 고려하면 제품을 생산하여 납품하는데 실현 불가능한 것을 알면서도 그 기한을 설정하여 공급업체에 납품을 의뢰한 결과로 해당 공급업체의 근로자가 장시간 노동을 강요받는 경우와 같이 기업이 그 활동을 통하여 부정적 영향을 조장하는 경우이다.

마지막으로 기업이 부정적인 영향을 미치지 않고 조장하지도 않았지만 거래관계에 따라 사업·제품·서비스가 인권에 미치는 부정적인 영향에 직접적으로 관련된 경우이다. 인권에 대한 부정적인 영향이 실제로 발생하면 그 피해의 회복이 쉽지 않고 불가능한 경우도 있으므로 사전에 부정적인 영향을 예방해야 하고 실제로 부정적인 영향이 발생했을 경우에는 재발하지 않도록 하는 것이 필요하다.

(3) 기업활동과 이해관계자의 범위

기업활동과 관련된 이해관계자란 기업의 활동에 의해 영향을 받거나 그럴 가능성이 있는 개인 또는 집단이라고 할 수 있다. 예를 들면, 자사 및 거래처 근로자, 투자자·주주, 국가나 지방자치단체 등을 생각해 볼 수 있다. 이 경우 기업은 구체적인 사업활동과 관련하여 영향을 받거나 받을 수 있는 이해관계자를 특정할 필요가 있다.[16]

---

16 노동에 관한 인권의 범위를 노동에 관한 인권부문으로 제한하지만 본질적으로 노동인권 감수성, 노동의 가치, 노동과 생활(사회보장), 노동과 세계화 등을 포함한다.

국제인권조약

　지금까지 인권규범은 개인과 국가의 관계에 적용되는 것으로 여겨져 왔다. 왜냐하면 국가가 정치권력을 남용하여 개인의 인권을 침해하고 제약한 역사에 비추어 볼 때, 국가는 개인의 인권을 적극적으로 보호하고 침해하지 말 것을 요구받기 때문이다.

　그러나 제2차 세계대전 후, 국제적으로 경제가 발전함에 따라 개인의 인권에 부정적인 영향을 미치는 주체는 국가만이 아닌 것이 명확해졌다. 예를 들면, 다수의 국가에 걸쳐 사업활동을 전개하는 다국적기업에 의해 주로 신흥국이나 개발도상국에서 노동력이나 자원의 착취가 일어나는 경우, 대상 국가는 법제도를 비롯한 자국의 통치제도 자체가 충분하지 않아서 국내법에 의한 규제만으로는 인권에 부정적인 기업활동을 억제하는 것이 어려울 수 있다. 따라서 개인의 기본적인 인권을 규정하는 국제인권조약에 대응하여 기업에서도 인권을 존중하는 기업문화가 조성되었다.

1. 세계인권선언

(1) 목적

인간의 권리가 공식적으로 인정된 것은 미국 독립선언(1776년)과 프랑스 인권선언(1789년) 등이 발표된 18세기이다. 미국 독립선언은 "모든 사람이 평등하게 태어났고, 창조주로부터 양도할 수 없는 특정한 권리를 부여받았으며, 그중에는 생명, 자유, 행복 추구가 있다"라고 선언하고 있다.

또한 프랑스 인권선언은 "사람은 자유롭고 권리에 있어서 평등한 것으로서 출생·생존하고(제1조), 모든 정치적 단결의 목적은 사람의 소멸하는 일이 없는 자연권을 보전하는 것이며, 권리·자유·소유권·안전 등에 대한 저항이다(제2조)"라고 선언하고 있다.

(2) 주요 특징

이러한 18세기의 인권선언은 다음과 같은 특징을 가지고 있다.

첫째, 정치적 결합의 기초로서 국가 입법 권력에 우선하는 '자연권'으로 인간의 권리가 주장되었다. 이러한 권리에는 자유권, 평등권, 생명, 행복 추구의 권리, 소유권 등이 포함되고 왕이나 귀족, 성직자 등에 대한 중세에서의 특권이 폐지되었다. 둘째, 모든 인간의 권리로서 자연권, 국민주권, 참정권, 혁명권 등 국가의 공공성을 담보하는 시민의 권리를 선언하면서도 국가가 실제적으로 승인한 것은 일정한 재산을 가지고 가족을 종속한 남성만의 시민권이었다. 여기에서 인간이란 남자만을 뜻하며, 결국 인간의 권리란 남성만의 권리일 뿐이었다는 비판을 받았다. 따라서 인권선언 이후에도 여성, 근로자, 원주민, 소수민족, 흑인 노예 등의 인권 소수자들은 권리를 인정받지 못하였고 계속 억압 상태에 놓여 있었다. 셋째, 인권선언에서 승인된 것은 소유권[17]을 중심으로 종교와 언론의 자유 등의 정신적 자유나 권력에 의해 불법으로 구속되지 않는 신체적 자유 등의 자유권 체계였다. 여기서 소유권은 경제활동의 자유를 보장하는 것이며 종교의 자유는 정치와 종교를 분리함으로써 종교적 다툼을 종결시키는 것이었다.

2. 사회권·자유권 규약

사회권 규약과 자유권 규약 제1조는 모든 국민의 자유와 결정할 권리를 규정하고 있다. 이것은 규약의 초안 작성 당시에 식민지 독립의 열망을 반영한 것이기는 하였으나 양 규약에서 규정하는 여러 가지 권리가 모든 사람에 평등하게 적용되는 것으로 되어 있

---

17 프랑스 인권선언 제17조는 "소유권은 신성불가침한 지위를 부여받았고 정당한 사전 보상 없이는 침탈할 수 없다"고 규정하고 있다.

다.[18] 또한 각 규약 제3조에서 권리 향유에 관한 남녀평등 원칙이 규정되어 있으며 이는 불합리한 차별을 배제한 것이다. 그리하여 평등원칙은 국제인권규약에서 중요한 원칙으로 규정되어 있다.

사회권 규약과 자유권 규약으로 기업이 공급망[19]과 가치사슬[20] 속에서 이러한 공통의 권리에 부정적인 영향을 미치는지 검토하고 이러한 규약에 대해 국가가 그 의무를 다하지 못하는 경우일지라도 기업은 인권을 존중할 것을 요구하고 있다.

(1) 사회권 규약

---

18 사회권 규약 제2조 제2항에서는 "이 규약의 당사국은 이 규약에서 선언된 권리들이 인종, 피부색, 성, 언어, 종교, 정치적·민족적 또는 사회적 출신, 기타의 신분 등에 의한 어떠한 종류의 차별도 없이 행사되도록 보장할 것을 약속한다"고 규정하고 있으며, 자유권 조약 제2조 제1항은 "이 규약의 각 당사국은 자국의 영토 내에 있으며 그 관할권 하에 있는 모든 개인에 대하여 인종, 피부색, 성, 언어, 종교, 정치적·민족적 또는 사회적 출신, 재산, 출생 또는 기타의 신분 등에 의한 어떠한 차별도 없이 이 규약에서 인정되는 권리들을 존중하고 확보할 것을 약속한다"고 규정하고 있다.

19 공급망은 제품 또는 서비스를 고객에게 제공하기 위해 수행하는 프로세스이며 빠르게 변화하는 고객의 수요에 따라 기업은 새롭고 혁신적인 제품을 출시해야 하고 새로운 기능으로 기존 제품을 정기적으로 신속하게 변경해야 한다.

20 가치사슬은 고객에게 가치는 주는 기업활동과 이러한 활동을 가능하게 하는 생산 과정에 밀접하게 연결되어 고객의 요구를 충족시키는 전체 과정이다.

사회권 규약 제2조 제1항은 조약국이 규약에서 인정된 권리의 완전한 실현을 점진적으로 달성하기 위해 행동을 약속해야 한다고 규정하고 있다. 여기에서의 점진적 달성은 사회권 규약이 정하는 권리실현을 향해 단계적으로 실현 정도를 높이는 것이다. 사회권 규약의 점진적 달성은 사회권 규약이 보장하는 권리가 국가의 적극적인 정책에 의해 실현되는 것이다. 또한 점진적 달성의 문언에 관계없이 조약국에서는 목표를 향해 가능하면 신속한 동시에 효과적으로 이행할 의무가 부가되어 있다.

1) 근로권

사회권 규약 제6조는 모든 사람이 자유로이 선택하거나 수락하는 노동에 의하여 생계를 영위할 권리를 포함하는 근로권을 인정하고 있으며, 제7조는 모든 사람이 공정하고 유리한 근로조건을 향유할 권리를 인정하고 있다. 특히 보수, 근로조건, 승진의 기회, 휴식 등의 다양한 근로조건을 규정하고 있다. 나아가 제7조는 공정한 임금 및 어떠한 차별도 없는 동일한 가치의 노동에 대해서 동일한 보수 규정과 여성에게도 남성이 누리는 노동조건에 뒤떨어지지 않는 노동조건을 보장할 것을 규정하고 있다. 또한 근로자 및 그 가족에게 사회권 규약에 합당한 생활을 할 수 있는 보수를 보장하고 근로조건(제7조b)은 안전한 환경이어야 하며 휴식, 여가 및 근로시간의 합리적 제한과 공휴일에 대한 보수와 정기적인 유급휴일(제7조d)의 보장을 규정하고 있다.

2) 단결권

사회권 규약 제8조는 근로자의 단결권과 노동조합의 자유롭게 활동할 권리 및 쟁의권을 규정하고 있다. 따라서 모든 사람이 경제적 및 사회적 이익의 증진과 보호를 위해 노동조합[21]을 결성(제8조a)하거나 스스로 선택한 노동조합에 가입할 권리가 있다. 그리고 노동조합은 국내적으로 연합(Federations), 총연합(Confederations)을 결성할 권리와 노동조합의 연합 또는 총연합이 국제적인 노동조합 단체를 결성하거나 그것에 가입할 권리(제8조b)를 보장하고 있다.

3) 사회보장에 대한 권리

사회권 규약 제9조는 사회보험을 포함한 기타 사회보장에 대한 모든 사람의 권리를 인정하고 있다. 다만, 사회보장의 구체적인 내용에 대해서는 그것을 정의하는 것이 곤란하여 명문(明文)의 규정은 두지 않고 있으며 사회보장의 구체적 범위와 그 비용부담자와 같은 내용들에 대해서는 각 조약국의 판단에 맡겨져 있

---

21 근로자의 단결권·단체교섭권 및 단체행동권을 보장하여 근로조건의 유지·개선과 근로자의 경제적·사회적 지위의 향상을 도모하고, 노동관계를 공정하게 조정하여 노동쟁의를 예방·해결함으로써 산업평화의 유지와 국민경제의 발전에 이바지함을 목적으로 제정된 우리나라의「노동조합 및 노동관계조정법」에서 노동조합을 근로자가 주체가 되어 자주적으로 단결하여 근로조건의 유지·개선, 기타 근로자의 경제적·사회적 지위의 향상을 도모함을 목적으로 조직하는 단체 또는 그 연합단체로 규정하고 있다.

는 것으로 볼 수 있다.

　이에 대해 우리나라의 사회보장위원회[22]는 사회보장을 "인간다운 삶을 추구하기 위한 기본적인 권리를 의미함과 동시에 이를 실천하기 위한 제도 규범적 실천 활동을 모두 포함하는 것"으로 정의하고 있다. 그리고 사회보장의 법적 범위를 출산, 양육, 실업, 노령, 장애, 질병, 빈곤 및 사망 등의 사회적 위험으로부터 모든 국민을 보호하고 국민의 삶의 질을 향상시키는 데 필요한 소득과 서비스를 보장하는 사회보험, 공공부조, 사회서비스로 규정하고 있는 것으로 볼 수 있다.[23]

---

22 「사회보장기본법」 제20조(사회보장위원회) ① 사회보장에 관한 주요 시책을 심의·조정하기 위하여 국무총리 소속으로 사회보장위원회(이하 "위원회"라 한다)를 둔다. ② 위원회는 다음 각 호의 사항을 심의·조정한다.
　1. 사회보장 증진을 위한 기본계획
　2. 사회보장 관련 주요 계획
　3. 사회보장제도의 평가 및 개선
　4. 사회보장제도의 신설 또는 변경에 따른 우선순위

23 「사회보장기본법」 제3조(정의) 이 법에서 사용하는 용어의 뜻은 다음과 같다.
　1. "사회보장"이란 출산, 양육, 실업, 노령, 장애, 질병, 빈곤 및 사망 등의 사회적 위험으로부터 모든 국민을 보호하고 국민 삶의 질을 향상시키는 데 필요한 소득·서비스를 보장하는 사회보험, 공공부조, 사회서비스를 말한다.
　2. "사회보험"이란 국민에게 발생하는 사회적 위험을 보험의 방식으로 대처함으로써 국민의 건강과 소득을 보장하는 제도를 말한다.
　3. "공공부조"(公共扶助)란 국가와 지방자치단체의 책임 하에 생활 유지

(2) 자유권 규약

자유권 규약에는 신체의 자유(제9조, 제10조, 제11조), 거주 및 이전의 자유(제12조), 프라이버시 보호(제17조), 사상, 양심 및 종교의 자유 또는 의견 및 표현의 자유(제18조-제20조), 집회 및 결사의 자유(제21조-제22조), 혼인의 자유 등(제23조), 아동 권리(제24조), 참정권(제25조), 소수민족의 권리(제27조) 등을 규정하고 있다.

1) 결사의 자유와 혼인의 자유

결사의 자유에는 노동조합의 결성 및 가입할 수 있는 권리가 포함되며, 혼인의 자유 등에는 가족의 보호를 받을 권리, 혼인과 가족을 형성할 권리, 배우자 간의 권리와 책임을 규정하고 있다.

2) 소수민족의 권리

소수민족의 권리는 종교적 또는 언어적 소수민족이 존재하는

능력이 없거나 생활이 어려운 국민의 최저생활을 보장하고 자립을 지원하는 제도를 말한다.

4. "사회서비스"란 국가·지방자치단체 및 민간부문의 도움이 필요한 모든 국민에게 복지, 보건의료, 교육, 고용, 주거, 문화, 환경 등의 분야에서 인간다운 생활을 보장하고 상담, 재활, 돌봄, 정보의 제공, 관련 시설의 이용, 역량 개발, 사회참여 지원 등을 통하여 국민의 삶의 질이 향상되도록 지원하는 제도를 말한다.

국가에 있어서는 소수민족에 속하는 사람들에게 그 집단의 다른 구성원들과 함께 그들 자신의 문화를 향유하고 자신의 종교를 표명하고 실행하거나 또는 자기 언어를 사용할 권리를 부정하지 않는 것이다.

3) 노예제도 및 강제노동의 금지

이러한 자유권 규약의 주요한 권리 중 하나는 노예제도 및 강제노동의 금지이다. 노예제도는 사람이 인간이라고 하는 점을 부정하고, 마치 물건으로써 다른 사람에게 소유되어 그 소유권에 따라 발생하는 매매, 기타 권리가 행사되고 있는 상태 또는 제도를 의미한다. 그리고 강제노동은 본인의 의사에 상관없이 의무가 없음에도 불구하고 강요되는 일절의 노무(勞務)를 의미한다.

4) 원주민의 권리

원주민(原住民)은 약 3억 7000만 명으로 90개국 이상의 세계 각지에 거주하고 있으나 많은 원주민은 정책결정과정에서 제외되어 착취되고 강제적으로 사회에 동화되어 왔다. 이에 대해 유엔은 2007년 원주민권리선언(Declaration on the Rights of Indigenous Peoples)을 채택하였다.

동 선언 제10조는 자유로운 사전정보에 기초한 공정한 보상에 관한 합의를 할 수 있고 귀환의 선택지가 없는 합의라면 어떠한 이주도 행할 수 없으며 강제이주를 금지한다. 여기서 자유로운 사전정보에 기초한 합의는 기업이 인권실사 의무에서 고려해야 할 권리의 하나로 볼 수 있다.

그리고 제26조는 원주민들이 전통적으로 소유하고 점유, 이용 및 획득해 온 토지와 천연자원 그리고 현재 소유하고 있는 토지와 천연자원에 대한 이용 및 개발에 대한 권리를 인정하고, 다른 국가도 원주민의 토지와 천연자원에 대한 법적 권리를 보호할 것을 의무화하면서 원주민들의 전통, 관습 등을 고려해야 한다고 규정하고 있다.

3. 국제노동기준

(1) 개요

18세기 산업혁명과 함께 생겨난 근로자에 대한 환경과 노동기준은 무역 경쟁하에서 각국의 국내법에서 엄격하게 반영하기 어려웠으며, 노동에 관한 국제적인 기준 또한 제시하기 어려웠다. 이러한 상황에서 국제적인 노동기준을 마련하기 위해 19세기 중반부터 다양한 시도가 이루어졌다.

그리고 제1차 세계대전의 전후 처리에 관한 베르사유 조약(Treaty of Versailles)으로 국제노동기구(International Labour Organization: ILO)가 1919년에 탄생하면서 국제노동기준

(International Labour Standards)의 정비가 이루어졌다. 국제노동기구는 노사정의 3자가 각각의 지위를 갖는 국제기구로, 그 배경에는 러시아 혁명이 있었다.[24] 제2차 세계대전 후에는 신흥 독립국이 ILO 조약을 비준할 수 있도록 ILO는 협력 활동을 본격화하였으나, 괄목할 만한 진전을 이루지 못하였다. 이후 1998년 ILO 총회에서 '노동에서의 기본적 원칙과 권리에 관한 ILO 선언(ILO Declaration on Fundamental Principles and Rights at Work)'을 채택하였다.

본 선언은 결사의 자유와 단체교섭권의 효과적인 승인, 강제노동 금지, 고용 및 직업에서의 차별 배제, 아동노동 철폐 등의 기본적 인권에 대해 규정하였다. 그리고 각 분야에서 가장 중심적인 역할을 하는 8개 조약[25]을 핵심적 내용으로 하고, 회원국의 빠른 조약 비준을 요구하면서 만약에 비준이 되지 않더라도 준수할

24　구체적인 배경은 1919년에 제1차 세계 대전 이후에 사회 운동가들이 주도한 국제적인 노동자 보호를 호소하는 운동과 각국의 노동조합 운동, 러시아 혁명의 영향으로 노동 문제가 큰 정치적인 화제로 떠오른 상황이었다.

25　여기에는 (a) 결사의 자유 및 단체교섭권: 결사의 자유 및 단결권의 보호에 관한 조약(제87호) 및 단결권 및 단체교섭권에 관한 원칙의 적용에 관한 조약(제98호), (b) 강제노동의 금지: 강제노동에 관한 조약(제29호) 및 강제노동의 폐지에 관한 조약(제105호), (c) 고용·직업에서의 차별 금지: 동일 가치의 노동에 대한 남녀 노동자에 대한 동일 보수에 관한 조약(제100호) 및 고용 및 직업에 대한 차별대우에 관한 조약(제111호) 등이다.

책임을 지도록 하였다.[26] 나아가 3자 협의, 노동 행정, 고용 촉진과 직업훈련, 노동조건, 사회보장 등의 분야와 근로자의 보호 등 노동에 대한 고유 분야도 규정하였다. 또한 비준국의 상황이 각각 다르다는 것을 고려하여 각국에 맞는 방법으로 적용할 수 있는 국제기준으로 각국의 법률이나 노동 협약의 작성 등에 유력한 지침이 되었다.

(2) 심사 및 불복제기

조약에 관한 내용을 심사하는 데 국제적인 전문가들로 구성된 독립된 위원회(조약·권고 적용에 관한 전문가위원회)가 설치되어 있다. 동 위원회는 기술(記述)상의 예비적인 심사를 하고 그 결과를 정부, 근로자단체, 사용자단체 등 3자로 구성된 하나의 위원회에서 추가로 검토하는 2단계 구조로 되어 있다. 그리고 ILO 헌장에 따라 개별비준조약 실시에 대한 불복제기가 이루어진다.

사용자 또는 근로자의 산업상의 단체는 ILO 헌장 제24조[27] 및

---

26 본 선언은 총회 결의라는 형식으로 채택되어 구속력을 가지지 않는 권고적 문서이나 만장일치로 채택되었기 때문에 가입국은 본 선언의 준수에 대해 도의적 책임이 따르는 것이다.

27 국제노동기구헌장(The Constitution of the International Labour Organization) 제24조는 어느 회원국이 관할권의 범위 안에서 자기 나라가 당사국으로 되어 있는 협약의 실효적인 준수를 어느 면에서 보장하지 아니한다고 사용자 또는 근로자의 산업단체가 국제노동사무국에 진정한

제25조[28]에 기초하여 어떠한 나라가 그 비준 조약을 준수하지 않을 경우에 그 조약의 준수를 이행토록 ILO에 제기하는 것이 가능하다. 이러한 제기신청은 이사회에서 다루어지며 정부, 근로자단체, 사용자단체 대표 3인의 이사로 구성된 위원회가 설치된다. 그리고 조약의 비준국은 같은 조약을 비준한 타국이 조약을 준수하고 있지 않을 경우에 불만을 제기하는 것이 가능하다. 불만이 제기된 경우에도 마찬가지로 이사회는 즉시 독립된 3인의 전문가로 구성된 심사위원회를 설치한다.

한편 아동노동은 4년간 840만 명이 증가하여 2020년에는 약 1억 6000만 명에 이른다. 거기에 COVID-19의 영향으로 수백만 명의 아이들이 아동노동의 위험에 직면하게 되었다. 아동노동을 하고 있는 5세-11세의 아이들의 약 28%, 12-14세 아이들의 약 35%가 학교에 다니고 있지 않다. 그리고 아동노동은 아이들의 신체나 정신에 악영향을 미칠 위험이 있는 동시에 아이들의 교육과 권리를 제한하고 빈곤과 함께 아동노동의 부정적인 세대 간 연쇄를 초래한다. 이러한 규약은 양질의 교육으로 지출을 늘리고 아동을 학교에 보내어 가족들이 아이들에게 의지하지 않도록 하며, 성인이

경우에 이사회는 진정 내용을 해당 정부에 통보하고 이 사항에 관하여 적절한 해명을 하도록 그 정부에 권유할 수 있다고 규정한다.

28   국제노동기구헌장 제25조는 이사회는 해당 정부로부터 합당한 기간 내에 해명을 통보받지 못하거나 이사가 접수한 해명이 만족스럽지 아니하다고 판단하는 경우, 진정 및 진정에 대한 해명이 있을 때에는 그 해명을 공표할 권리를 가진다고 규정한다.

적정한 일에 취직할 수 있도록 함으로써 아동노동에 영향을 미치는 유해한 차별을 없애는 것 등을 유도하는 것이다.

(3) 핵심적 노동기준

ILO 헌장의 결사의 자유 및 단결권 보호에 관한 조약(제87호), 단결권 및 단체교섭권에 대한 원칙 적용에 관한 조약(제98호), 강제노동에 관한 조약(제29호), 강제노동 폐지에 관한 조약(제105호), 아동노동 금지(제138호), 최악의 형태의 아동노동 금지 및 폐지를 위한 즉시 행동에 관한 조약(제182호), 동일 가치 노동에 대해서 남녀근로자에 대한 동일 보수에 관한 조약(제100호), 고용 및 직업에 대해서 차별대우에 관한 조약(제111호) 등은 핵심적 노동기준이다. 이는 세계화가 진행된 현대사회에서 기업활동과 인권에 대하여 최소한 준수해야 할 노동기준으로 볼 수 있다. 즉, 인간의 존엄을 지키고 개성과 다양성을 존중하며 그 능력을 최대한으로 발휘할 수 있는 기업활동과 환경 등을 만들기 위한 것이다. 또한 근로자의 건전한 노동환경을 유지하고 나아가 기업의 사회적 책임을 완수하는 것이다.

4. 기타 인권협약

(1) 인종차별 철폐협약

인종차별 철폐협약(International Convention on the Elimination of All Forms of Racial Discrimination)은 인권 및 기본적 자유 평등을 확보하기 위해 모든 형태의 인종차별을 철폐하는 정책 등을 적당한 방법으로 실행하는 것을 주요 내용으로 한다.[29] 이는 1965년 제20회 유엔 총회에서 채택되어 1969년에 발효되었다. 동 협약 제1조는 인종차별을 "인종, 피부색 또는 민족이나 종족의 기원에 근거를 둔 어떠한 구별과 배척·제한하는 것을 말하며, 이는 정치·경제·사회·문화 또는 기타 어떠한 공공생활의 분야에 있어서든 평등하게 인권과 기본적 자유의 향유 또는 행사를 무효화시키거나 침해하는 목적 또는 효과를 갖는 것"이라고 정의하고 있다.

(2) 여성차별 철폐협약

여성차별 철폐협약(Convention on the Elimination of All Forms

---

[29] 이러한 조약의 실현을 위해서는 모든 인간에게 고유한 존엄과 평등의 원칙에 기본을 두고, 인종, 성별, 언어 또는 종교의 구별 없이 만인을 위한 인권과 기본적 자유에 대한 보편적 존중과 준수를 증진시키고 국제연합과의 협조 아래 공동적 및 개별적 조치를 취하는 것이 필요하다.

of Discrimination against Women)은 남녀의 완전한 평등 달성에 공헌할 것을 목적으로 하고, 여성에 대한 모든 차별을 철폐하는 것을 기본이념으로 하고 있다. 협약국은 정치적 및 공적 활동과 경제적 및 사회적 활동에서 여성에 대한 차별 철폐를 위해 적당한 조치를 해야 한다. 동 협약은 1979년 제34회 유엔 총회에서 채택하고 1981년에 발효되었다. 이는 여성차별에 관한 내용을 집대성하여 특히 양성평등, 모성보호와 관련된 사안을 규정하고 있다.

제1조에서 여성에 대한 차별을 성에 기초한 구별, 배제 또는 제한해서는 안 되고 정치·경제·사회·문화·시민적 기타 어떠한 분야에 있어서도 남녀평등에 기초로 하여 인권 및 기본적 자유를 인식하고, 향유하도록 규정하고 있다.

(3) 아동의 권리에 관한 협약

아동의 권리에 관한 협약(United Nations Convention on the Rights of the Child)은 1989년 제44차 유엔 총회에서 채택되어 1990년 9월에 발효되었다. 동 협약에서 18세 미만을 아동이라고 정의하고, 국제인권 규약에서 규정하고 있는 아동의 권리 존중 및 확보 관점에서 필요한 사항을 규정하고 있다. 구체적으로 아동이 그 부모의 의사에 반하여 부모와 분리되지 않도록 하여야 하나, 권한 있는 당국이 사법의 심사에 따르는 것을 조건으로 적용되는 법률 및 절차에 따라 그 분리가 아동의 최선의 이익을 위해 필요

하다고 결정하는 경우에는 그러하지 아니한다(제9조).[30]

그리고 아동의 양육 및 발달에 대하여 부모가 공동의 책임을

---

30 Convention on the Rights of the Child Article 9. 1. States Parties shall
    ensure that a child shall not be separated from his or her parents
    against their will, except when competent authorities subject to judicial
    review determine, in accordance with applicable law and procedures,
    that such separation is necessary for the best interests of the child.
    Such determination may be necessary in a particular case such as
    one involving abuse or neglect of the child by the parents, or one
    where the parents are living separately and a decision must be made
    as to the child's place of residence. 2. In any proceedings pursuant
    to paragraph 1 of the present article, all interested parties shall be
    given an opportunity to participate in the proceedings and make their
    views known. 3. States Parties shall respect the right of the child who
    is separated from one or both parents to maintain personal relations
    and direct contact with both parents on a regular basis, except if it is
    contrary to the child's best interests. 4. Where such separation results
    from any action initiated by a State Party, such as the detention,
    imprisonment, exile, deportation or death(including death arising
    from any cause while the person is in the custody of the State) of one
    or both parents or of the child, that State Party shall, upon request,
    provide the parents, the child or, if appropriate, another member of
    the family with the essential information concerning the whereabouts
    of the absent member(s) of the family unless the provision of the
    information would be detrimental to the well-being of the child. States
    Parties shall further ensure that the submission of such a request shall
    of itself entail no adverse consequences for the person(s) concerned.

진다는 원칙에 대한 인식을 확보하기 위하여 최선의 노력을 다해야 하며, 협약에서 정한 권리를 보장 및 촉진하기 위하여 부모 및 법정보호자가 아동 양육에 대한 책임을 수행함에 있어 이들에게 적당한 원조를 제공하여야 한다(제18조)[31]고 규정하고 있다.

(4) 장애인의 권리에 관한 협약

장애인의 권리에 관한 협약(Convention on the Rights of Persons with Disabilities)은 장애인의 인권 및 기본권을 향유하고 장애인의 존중과 권리 실현 목적을 위한 조치 등을 규정한 것으로 2006

---

31 Convention on the Rights of the Child Article 18. 1. States Parties shall use their best efforts to ensure recognition of the principle that both parents have common responsibilities for the upbringing and development of the child. Parents or, as the case may be, legal guardians, have the primary responsibility for the upbringing and development of the child. The best interests of the child will be their basic concern. 2. For the purpose of guaranteeing and promoting the rights set forth in the present Convention, States Parties shall render appropriate assistance to parents and legal guardians in the performance of their child-rearing responsibilities and shall ensure the development of institutions, facilities and services for the care of children. 3. States Parties shall take all appropriate measures to ensure that children of working parents have the right to benefit from child-care services and facilities for which they are eligible.

년에 유엔 총회에서 채택되었다. 여기서 장애를 고정적인 개념이
아닌 발전하는 개념으로 이해하고, 장애인은 다양한 장벽과 상호
작용하여 다른 사람과 동등한 기준으로 사회에 완전하고 효과적
인 참여를 방해할 수 있는 장기적인 신체적, 정신적, 지적 또는 감
각적 장애가 있는 사람이 포함된다.[32]

　따라서 장애는 단순히 기능 장애만을 말하는 것이 아니라 사회
와의 관계성에서도 발생하는 것으로 볼 수 있다.

　또한 전문에서는 장애에 기초한 차별도 인간 고유의 존엄 및
가치를 침해하는 것으로 규정하고 있다. 이는 장애에 기초한 모
든 구별, 배제 또는 제한을 두지 말 것과 정치·경제·사회·문화·시
민적, 그리고 기타 모든 분야에서 다른 사람과 평등할 것을 바탕
으로 하고 있다. 따라서 차별은 모든 인권 및 기본적 자유를 인식·
향유 또는 행사하는 것을 해하거나 방해할 목적 또는 효과를 갖는
것으로 정한다.[33] 그리고 장애인이 다른 자와 평등하게 인권 및 기

32　Convention on the Rights of Persons with Disabilities Article 1-Purpose.
　　The purpose of the present Convention is to promote, protect
　　and ensure the full and equal enjoyment of all human rights and
　　fundamental freedoms by all persons with disabilities, and to promote
　　respect for their inherent dignity. Persons with disabilities include
　　those who have long-term physical, mental, intellectual or sensory
　　impairments which in interaction with various barriers may hinder their
　　full and effective participation in society on an equal basis with others.

33　Convention on the Rights of Persons with Disabilities Article

본적 자유를 향유하고 행사하도록 하면서, 특정한 경우에는 적당한 변경 및 조정을 할 수 있도록 균형을 잃지 않으면서 부당한 부담을 지지 않도록 합리적 배려가 이루어져야 한다.

2-Definitions. For the purposes of the present Convention: "Communication" includes languages, display of text, Braille, tactile communication, large print, accessible multimedia as well as written, audio, plain-language, human-reader and augmentative and alternative modes, means and formats of communication, including accessible information and communication technology; "Language" includes spoken and signed languages and other forms of non spoken languages; "Discrimination on the basis of disability" means any distinction, exclusion or restriction on the basis of disability which has the purpose or effect of impairing or nullifying the recognition, enjoyment or exercise, on an equal basis with others, of all human rights and fundamental freedoms in the political, economic, social, cultural, civil or any other field. It includes all forms of discrimination, including denial of reasonable accommodation; "Reasonable accommodation" means necessary and appropriate modification and adjustments not imposing a disproportionate or undue burden, where needed in a particular case, to ensure to persons with disabilities the enjoyment or exercise on an equal basis with others of all human rights and fundamental freedoms; "Universal design" means the design of products, environments, programmes and services to be usable by all people, to the greatest extent possible, without the need for adaptation or specialized design. "Universal design" shall not exclude assistive devices for particular groups of persons with disabilities where this is needed.

참고문헌

1. 강경선, "노예제 폐지에 관한 연구: 영국의 경우", 민주법학 제52호, 민주주의법학연구회, 2013, pp. 159-160.

2. 김현경, "국제인권체제에서의 '젠더폭력' 개념의 형성", 아시아여성연구 제63권 제2호, 숙명여자대학교 아시아여성연구원, 2024, pp. 43-50.

3. 김혜승, "1830-50년대 영국 면공업 여성노동자의 정체성 형성: 노동조합대연합과 공장개혁운동, 차티스트운동을 중심으로", 영국연구 제41호, 영국사학회, 2019, p. 18.

4. 노호창, "기후위기와 노동법적 대응", 노동법논총 제60집, 한국비교노동법학회, 2024, pp. 221-227.

5. 남궁준·김근주·구미영, "영국 근로시간법제의 변천과 정책적 시사점", 한국노동연구원, 2019, p. 13.

6. 박미경, "인권을 침해하는 다국적기업에 관한 규율방안", 법학논총 제26권 제1호, 한양대학교 법학연구소, 2009, p. 429.

7. 박정원, "소수자 보호를 위한 보편 조약으로서의 인종차별철폐협약", 법학논총 제43권 제2호, 단국대학교 법학연구소, 2016, p. 11.

8. 서은아, "국제법상 주권평등원칙의 재정립: 국제통상규범의 관계 및 개정방향을 중심으로", 법학논총 제38권 제2호, 전남대학교 법학연구소, 2018, p. 250.

9. 신현우, "노동인권 지표 및 지수 개발에 관한 탐색적 연구: 개별적 노동관계를 중심으로", 한국기술교육대학교 테크노인력개발전문대학원 박사학위논문, 2022, pp. 13-14.

10. 양현아, "최근 여성차별철폐협약(CEDAW)의 한국정부에 대한 권고사항: 유보조항 '가족성(家族姓)' 규정을 중심으로", 서울대학교 법학 제54권 제3호, 서울대학교 법학연구소, 2013, p.214.

11. 오미영, "비국제적 무력충돌 시 국제인도법의 적용", 인도법논총 제32호, 대한적십자사인도법연구소, 2012, p.10.

12. 이정은, "한국사회 인권의 제도화 과정에 대한 비판적 고찰: 지자체 인권기본계획을 중심으로", 민주주의와 인권 제18권 제2호, 전남대학교 5.18연구소, 2018, pp.222-223.

13. 이현정, "유럽인권재판소 판례 비교 분석을 통한 교차 차별에 관한 연구", 유럽헌법연구 제44호, 유럽헌법학회, 2024, pp.123-125.

14. 전종윤, "콩도르세. 프랑스 시민교육과 민중이성의 역할", 대동철학 제84권, 대도철학회, 2018, p.2.

15. 전지혜·최승철·이선화, "장애인 권리보장에 관한 국제인권규범 연구", 한국장애인개발원, 2015, p.22.

16. 황한식, "마그나카르타", 법조 제68권 제1호, 법조협회, 2019, pp.10-11.

17. 홍성훈, "미국 아동노동법 위반과 제도적 허점", 국제노동브리프 제22권 제4호, 한국노동연구원, 2024, pp.35-41.

18. Keyser. P., Popovski, V and Sampford, C., "What is access to international justice and what does it require?" in P Keyser, V Popovski and C Sampford(eds), Access to International Justice, Routledge, New York, 2015, pp.1-17.

19. Lynn Hunt, "The French Revolution and Human Rights: A Brief History with Documents", Bedford/St. artin's, 2016.

20. Popovski. V., "State Negligence before and after Natural Disasters as Human Rights Violations" in C Hobson, P Bacon and R Cameroneds, Human Security and Natural Disasters, Routledge, New York, 2014, pp.94-111.

21. The ILO and UNICEF, "Child Labour: Global estimates 2020, trends and

the road forward", 2021, p. 21.

22. Twiss, S., "Confucian Ethics, Concept-Clusters, and Human Rights", in H Rosemont, M Chandler and R Littlejohn, 2009, Polishing the Chinese Mirror: Essays in Honor of Henry Rosemont, Jr., (New York) Global Scholarly Publications, ACPA Series of Chinese and Comparative Philosophy, 2008, pp. 60-65.

23. United Nations Human Rights, "Indigenous Peoples and the UN Human Rights System", OHCHR fact sheet No 9 Rev 2, 2013, p. 2.

24. https://www.ohchr.org/en/instruments-mechanisms/instruments/convention-elimination-all-forms-discrimination-against-women.

25. https://www.ohchr.org/en/instruments-mechanisms/instruments/international-convention-elimination-all-forms-racial.

26. https://www.ohchr.org/en/press-releases/2022/07/historic-day-human-rights-and-healthy-planet-un-expert.

27. https://www.ohchr.org/en/special-procedures/sr-human-rights-defenders/about-human-rights-defenders.

28. https://www.ohchr.org/sites/default/files/2022-02/Formatted-version-of-the-guidance-EN_0.pdf.

29. https://www.coe.int/en/web/compass/convention-on-the-elimination-of-racism-and-discrimination.

30. https://www.ohchr.org/en/instruments-mechanisms/instruments/convention-rights-child.

31. https://www.ohchr.org/EN/ProfessionalInterest/Pages/CoreInstruments.aspx.

32. https/human-rights-and-business-learning-tool.unglobalcompact.org/.

33. https://www.archives.gov/founding-docs/declaration-transcript.

34. https://www.mofa.go.kr/www/brd/m_24969/view.do?seq=334779.

35. https://www.mofa.go.kr/www/wpge/m_3996/contents.do.

제3장

기업활동과
인권

제1절 기업의 사회적 책임과 인권경영

1. 기업활동과 인권

기업에 의한 인권침해는 그 형태와 내용이 다양하다고 볼 수 있다. 이러한 형태에 대하여 기업과 인권 리소스센터(Business and Human Rights Resource Center)는 기업의 인권문제로 근로자의 인권, 근로자 외에 기업활동에 의해 영향을 받는 사람들의 인권, 사회기반이 갖추어지지 않은 지역이나 분쟁지역에서의 인권, 세 가지로 분류하고 있다. 기업의 규모와 사업 내용·형태, 활동하는 지역에 따라 각 기업이 안고 있는 인권문제는 다르지만 기업이 고려해야 할 인권문제는 같다고 볼 수 있다.[34]

(1) 근로자의 인권

기업에 있어서 일반적인 인권문제는 자사 근로자의 인권과 관련된 문제이다. 우선 근로조건 보장, 성희롱 방지, 연령·성별·인

---

34 왜냐하면 오늘날 기업은 국가의 정책상황이나 정부의 정책방향을 좌우할 만큼 영향력이 커졌기 때문이다.

종·민족·종교 등에 의한 차별 금지가 대표적이다. 또한 결사의 자유나 단체교섭권 보장도 근로자의 기본적인 권리이며 나아가 아동노동이나 강제노동 등의 경우도 해결해야 할 문제이다. 특히 아동노동에 있어 유니세프는 1억 5천만 명 이상의 아동(5세-14세)이 노동에 종사하고 있는 것으로 추산하고 있으며, 세계 어린이의 6명 중 1명이 노동에 종사하고 있는 것이다. 이는 기업이 세계적으로 사업을 전개하는데 아웃소싱(Outsourcing)이나[35] 오프쇼어 (Offshore)[36] 모델을 채택하여 기업의 자회사나 관련 기업이 특히, 아프리카에서 아동노동이나 강제노동을 하는 등의 형태로, 기업활동에서 공급망 말단까지 고려하는 경우에는 이러한 문제에 관여하고 있을 가능성이 충분히 있다.

(2) 기업활동에 의해 영향을 받는 사람들의 인권

기업의 활동에 의해 영향을 받는 사람들은 기업 외부에도 다수 존재한다. 예를 들면, 기업활동으로 환경오염이 발생하거나 그로 인해 건강상 피해를 입은 경우, 원주민을 무시한 개발의 경우 그리고 물을 고갈시켜 지역 주민의 물 접근권을 침해하는 경우 등을

---

35 아웃소싱은 기업이나 조직에서 생산, 유통, 용역 등 업무의 일부 과정을 경영 효율의 극대화를 위해 외부의 제삼자에게 위탁해 처리하는 것이다.

36 오프쇼어는 해외 국가의 외국 기업이나 외국에 진출한 자회사를 통해 업무를 위탁하여 제품을 생산하거나 서비스를 제공하는 것을 의미한다.

들 수 있다. 또한 의약품의 가격을 고액으로 설정해 약에 대한 접근권을 침해하는 것도 생각해 볼 수 있다. 나아가 아동의 노동력을 이용함으로써 아동의 교육에 대한 권리를 침해하는 문제도 영향이 광범위하기 때문에 인권단체의 엄격한 비판 대상이 된다.

(3) 기타 지역에서의 인권

기업활동과 관련하여 사회기반이 갖추어지지 않은 지역이나 분쟁지역에서의 인권보장에 대해서도 논의할 필요가 있다. 예를 들면, 공급업체가 활동하는 국가나 지역에서 근로자가 표현의 자유를 인정받지 못하거나 공평한 재판을 받지 못할 경우, 기업은 어디까지 이들의 인권을 보장할지 설정해야 할 것이다. 또한 분쟁지역에서는 일부 민간 군사회사가 고문에 가담하거나 정부에 대해 뇌물을 공여한 경우 결과적으로 정부가 주도하는 강제퇴거나 대량 학살에 가담한 것으로 파악될 수도 있다.[37]

이와 같이 기업이 인권문제를 대처할 때는 자사 근로자 등의 좁은 범위의 인권뿐만 아니라 광범위한 인권을 고려해야 한다. 왜냐하면 기업활동으로 영향을 줄 수 있는 인권은 지역사회 주민이

---

37 매우 극단적인 사례이지만 과거 국제사회가 아파르트헤이트(Apartheid) 폐지를 위해 남아프리카공화국에 대한 경제제재를 강화하는 시기에 일본 기업은 당시 남아프리카공화국과의 최대 무역 파트너라고 유엔총회 결의에서 지목되어(A/RES/43/50) 인권침해에 가담했다는 비판을 받기도 하였다.

나 복잡화된 공급망의 말단까지 광범위하게 관련이 되어 있어 인권에 대해 모회사는 책임을 회피할 수 없기 때문이다.

2. 기업의 사회적 책임과 인권

(1) 기업의 사회적 책임

기업의 사회적 책임(Corporate Social Responsibility)의 바탕에는 기업이 완수해야 할 기능으로서 기업의 이윤 극대화, 고객 만족, 주주가치 확대 등에 국한되지 않고 사회적 존재로서 기업의 역할이 확대되고 있다. 즉, 기업의 사회적 책임이란 기업활동의 기반인 사회와의 관계에서 부담하는 책임이라고 볼 수 있다. 여기에는 경제적·법적·윤리적·자선적 책임이 포함된다. 그리고 사회적 책임을 중시하는 경영이란 일상의 기업활동 속에 사회적 공정성이나 윤리성, 환경에 대한 배려 등을 도입해 가는 것이다.

요즈음 주주를 위해 이윤을 극대화하여 이익을 창출하는 것만을 기업의 책무로 인식하기보다는 더 다양한 책임들을 이해하고 기업활동에 반영한다. 또한 우수한 제품을 소비자에게 공급하는 것이 기업의 사회적 책임이라는 생각도 그것만으로는 충분하지 않고, 사회적 존재로서의 기업은 주주나 소비자뿐만 아니라 기업활동 속에서 관계를 맺거나 영향을 미치는 다양한 사회집단을 고려하지 않으면 안 된다. 왜냐하면 기업의 근로자, 공장이 입지하고 있는 지역사회, 거래처 등 기업과 관련된 모든 이해관계자가 기업의 사회적 책임을 논할 때 중요한 부분을 차지하고 있기 때문이다.

그러나 기업의 사회적 책임이 사회나 이해관계자에 대한 기업의 일방적인 공헌은 아니다. 기업의 사회적 책임에 대한 대처가 기업경영 그 자체의 재검토로 이어져 기업의 경쟁력 강화, 경영의 효율화, 위험 관리의 강화 등의 결과는 결국 투자자의 높은 평가의 대상이 된다. 이러한 기업의 사회적 책임활동은 근로자와 환경을 존중하면서 윤리적인 가치관에 근거해 실시하는 기업행위라고 볼 수 있다. 그리고 기업은 거래처, 주주 등 다양한 이해관계자와 관계되어 있으며 각각의 이해관계자에 대한 책임의 방향을 묻고 설정해야 한다. 이러한 방향 설정으로 개개의 기업에 있어서 이해관계자가 누구이며, 그 본연의 자세는 어떠해야 하는가에 따라 기업의 사회적 책임의 내용이 달라진다.

유럽과 미국에서는 인권이나 사회문제를 대상으로 한 기업의 사회적 활동이 활발해지고 있으며, 이것은 현재의 NGO의 활동이나 기업활동이 1970년대 환경운동의 시작과 유사하다고 볼 수 있다. 특히, 1970년대 환경운동에서 기업은 시민운동이나 NGO의 비판 대상이 되었으나 점차 환경에 대한 인식이 바뀌면서 환경에 대한 배려는 기업경영의 불가결한 부분이 되고 환경에 관련된 산업과 기업활동이 성장하게 되었다.

과거 기업이 NGO나 시민사회와의 대립을 경험한 바가 있으나 현재는 환경뿐만 아니라 인권 등 다양한 사회문제에 대해서도 기업의 사회적 책임을 인식하여 경영의 중요한 요소로 받아들이는 변화가 일어나고 있다.

(2) 기업의 사회적 책임 전개 과정

1960년대 이후 다국적기업의 활동에 대한 규제는 국가 간 갈등을 야기하였으며 노동 분야에서는 노사정의 대화와 조정에 따라 구속력을 갖지 않는 형태로 1977년 ILO 다국적기업선언이 채택되었다.[38] 1990년대 이후에는 기업과 사회와의 관계, 혹은 기업활동이 사회에 미치는 영향으로 기업의 사회적 책임에 대한 논의가 시작되었다.

1990년대에 고용, 경제발전, 사회적 결속을 실현하는 수단의 하나로써 기업의 사회적 책임[39]에 대한 인식이 나타났고, 그 이후

---

38 여기에는 근로자의 권리 존중, 단결권 보장, 지역 노동자의 활용, 비차별적 고용 등의 내용을 포함하고 있다. 이후 2017년 3월 개정을 통하여 다국적기업의 인권 및 노동권에 관한 실사, 다국적기업이 해외직접투자뿐만 아니라 무역을 통해서도 국제 공급망에 영향을 미칠 수 있고, 다국적기업이 전반적 생산과정의 일부로서 다른 기업과의 관계를 통해 운영될 수 있음을 명시하였다.

39 기업의 사회적 책임은 기업의 이익 추구뿐만 아니라 법령과 윤리를 준수하고 모든 이해관계자의 요구에 대응함으로써 사회에 긍정적 영향을 미

미국 등으로 인식이 확산되었으며 환경이나 인권, 그리고 노동에 관한 다양한 국제사회의 움직임이 결합되어 기업의 사회적 책임이 형성되었다. 나아가 기업은 사회 환원, 이미지 제고, 사회혁신을 위해 사회에 참여하였다. 이러한 계기가 된 노동 사안 중 하나의 예로 1990년대 후반의 나이키의 스웨트숍(Sweatshops) 문제를 들 수 있다. 나이키 제조업체인 동남아시아 여러 기업에서 저임금·장시간 노동, 성희롱, 아동노동, 강제노동 등 심각한 노동 문제가 있는 것으로 나타나자[40] 스웨트숍과 거래 관계를 가진 나이키에 대한 불매운동이 진행되었다. 즉, 거래관계를 가지는 타사에서의 노동 문제에 대해 자사도 책임이 있다는 것이다.

이러한 문제를 포함해 글로벌 기업은 현지 사회와 환경에 미치는 영향과 기존 주주에 대한 이익환원을 중심으로 하는 기업 책임을 생각하는 접근방식에 변화가 있었다. 이는 인권·환경보호 등에 대한 사회의 요구에 응함으로써 기업이 변화하는 계기가 되었다고 할 수 있다. 즉, 기업은 주주뿐만 아니라 모든 이해관계자에 대해 사회적 책임을 지는 것으로 받아들여지게 된 것이다. 이후, 2010년 국제표준화기구(International Organization for

---

치는 활동이다.

40 이러한 노동 문제는 세계에서 통용되는 상품을 세계적으로 인지도가 높은 모델을 이용해 이미지를 만드는 '스포츠 마케팅'이라는 나이키의 독자적인 홍보전략으로 막대한 비용이 들었으며 이로 인해 비용절감의 필요에 따라 저임금·장시간 노동에 의존하게 되었다.

Standardization: ISO)[41]에 의해 사회적 책임에 관한 지침인 ISO 26000이 제정되었다.[42] 동 지침에서 사회적 책임은 지속 가능한 개발에 대한 기여, 이해관계자의 기대에 대한 배려와 함께 관련 법령의 준수 및 국제행동규범의 기초이며, 그 내용에는 조직통치, 인권, 노동관행, 환경, 공정한 사업관행, 소비자 과제 등 사회적 책임의 핵심 주제가 포함되어 있다.

기업의 사회적 책임에 사회와 이해관계자의 기대가 반영되자 기업의 사회적 책임을 이행하는 데에도 사회와의 관계, 즉 사회·이해관계자들의 지지나 평가에 의존하게 된다. 이해관계자 입장에서 기업의 활동을 모니터링하고 그 평가를 기업에 대한 압력으로 연결하는 것이다. 예를 들면, 소비자는 상품에 대하여 불매운동을 하고 정부는 기업의 사회적 책임에 대한 평가를 조달 등에 반영하며, 투자자로서의 개인이나 금융기관은 투자의 형태로 반영하는 것이다.

그리고 노동조합에서는 노사협의의 대상으로 대응할 때 책

---

41 국제표준화기구(International Organization for Standardization)의 ISO 26000은 모든 형태의 조직에 사회적 책임에 관련된 개념, 용어, 배경과 동향, 특성, 원칙과 관행, 핵심주제와 쟁점, 조직을 통한 사회적 책임의 통합과 실행 및 촉진, 이해관계자 식별과 참여, 사회적 책임에 관련된 조직의 의무와 성과, 의사소통에 대한 지침을 제공하여 조직이 지속 가능한 발전에 기여하도록 지원하는 데 목적이 있는 국제표준이다.

42 이는 국가 간에 서로 다른 사회적 책임 내용을 통합, 조정하여 공통으로 적용할 수 있는 국제적 표준 규범이다.

임 있는 설명이나 정보공개 등을 기업에 요구하게 된다. 나아가 NGO나 민간 평가기관에서는 모니터링 결과에 대해 비판하거나 기업의 등급을 구분하는 데 활용하고 국제기구에서도 모니터링 결과를 조달에 반영하거나 파트너 결정 시에 반영하고 있다.

(3) 글로벌 기업의 사회적 책임과 인권

1) 진출국에서의 노동·인권문제

기업의 세계화와 함께 직접투자가 증가하자 글로벌 기업의 해외사업소, 현지법인 등에서 여성과 소수민족에 대한 인권문제 등이 발생하기 시작하였다. 또한 개발도상국 등의 공급망까지 포함하여서는 아동노동 문제, 원주민 권리 등에 대한 문제가 나타났다. 특히, 아동노동 문제를 안고 있는 기업에 대한 비판은 1990년대 이후 지속적으로 나타나고 있으며, 비판 대상 기업에 대한 불매운동이 전개, 확산되었다. 예를 들면, 멕시코 국경지대에서 마킬라도라(Maquiladoras) 산업의 한 가전업체의 현지법인은 여성인권문제에 대해 국제인권단체인 휴먼라이츠워치(Human Rights Watch)의 비판을 받은 바 있다.

또한 동남아시아 지역의 공적개발원조(Official Development Assistance)[43]와 관련된 개발 사업에서 환경, 지역사회, 원주민의

---

43   공적개발원조(Official Development Assistance)는 개발도상국의 경제 발전과 복지를 촉진하기 위해 보건의료서비스, 영양, 안전한 식수,

권리문제와 인권문제를 안고 있는 국가에 진출한 기업에 대한 국제적인 비판운동으로 이어져 다국적기업의 본사와 모기업뿐만 아니라 공급망에서의 거래관계에 대해서도 사회적 책임이 확산되었다고 볼 수 있다.

2) 배제된 지역의 문제

대도시 지역일지라도 경제적, 사회적으로 쇠퇴하고 황폐한 지역이 존재하며 그 지역에는 사회적 권리가 배제된 사람들이 거주하고 있다. 사회적 배제(Social Exclusion)란 사회에 참여할 권리가 박탈된 상태이며, 특히 노동시장이나 사회서비스에서 배제됨으로써 사회와의 접점을 잃게 되는 것을 말한다.[44] 이러한 상태를 방치한다면 지역사회의 불안정화를 촉진하게 될 가능성이 높다. 따라서 사회서비스에서 배제된 지역의 거주민을 사회적으로 수

교육, 위생적인 환경의 보장(인간적 능력, Human Capabilities), 인간으로서 존엄을 유지하고 사회의 일원으로서 사회적 지위가 인정되는 여건의 보장(사회적 능력, Socio-Cultural Capabilities), 식품 부족, 질병, 재해, 범죄, 전쟁, 분쟁 등에 의한 취약성으로부터 스스로를 보호할 수 있는 여건의 보장(보호능력, Protective Capabilities), 필요한 소비를 할 수 있고 자본을 보유할 수 있는 정도의 수입 보장(경제적 능력, Economic Capabilities), 개인의 인권이 인정되는 가운데 정치·정책과정에 참가하고 의사결정에 영향을 줄 수 있는 여건의 보장(정치적 능력, Political Capabilities)을 목표로 하고 있다.

44 사회적 배제라는 개념은 다의적 개념으로 국가의 형태에 따라 다르다.

용하는 지원 시스템의 마련이 필요하다. 이러한 영역은 지금까지 정부가 대응해야 하는 것으로 인식되어 왔지만, 작은 정부화와 행정의 한계로 비정부기구를 포함한 민간의 관여와 기업이 수행할 수 있는 역할에 대한 기대가 커지고 있다.

기업은 자금, 인재, 노하우, 네트워크 등 다양한 자원을 가지고 있어 사회적 과제의 해결에 관여해 나갈 것으로 기대되고 있다. 지금까지는 기업의 사회공헌 활동으로써 커뮤니티 지원을 실시하는 경우가 많았지만 점차 NPO, NGO와의 협력이 증가하고 있으며 최근 기업은 본업으로서 이러한 시도를 강화하고 있다.[45] 예를 들면, 미국에서 진행하고 있는 이너시티의 지역 재활성화를 위한 사업(Community Economic Development: CED)[46]으로 프랜차이즈점을 개설하거나 창업 지원이나 자금 대출을 실시하는 것 등이다.

또한 CED와 관련된 융자를 실시하는 지역발전재정계획

---

45 예를 들면, 카카오사의 시민조합이 생산한 재생에너지 공급인증서 (Renewable Energy Certificate)를 구매해 전력 사용량 100%를 재생에너지로 전환하는 것이다.

46 지역 재활성화를 위한 사업(Community Economic Development)은 지역사회가 경제 문제에 대한 자체적인 해결책을 제시하고 지역사회 경제 개발자는 포용적인 지역 경제 창출, 자양분 있는 생계 기회 개발, 지역 자원 및 역량 구축, 지역사회 통제 및 소유권 증대, 건강한 환경 강화, 지역사회 회복력 증대를 위한 프로그램 등을 실시하고 있다.

(Community Development Financial Initiative)[47]도 확산되어 지역개발은행(Community Development Bank)나 지역개발신협(Community Development Credit Union) 등이 창업자금, 주택취득에 대한 대출을 진행하고 있다. 나아가 대기업에 의한 CED로서는 소유·경영하는 기업과 적극적으로 거래하려는 공급업체가 정부의 적극적인 정책에 동참하고 있다.

3. 기업활동과 인권 리스크

(1) 브랜드 리스크

기업활동에 관한 위험 중, 기업이 가장 우려해야 할 것은 브랜드 리스크이다. 1990년대에 대형 스포츠용품 제조사가 아동노동 문제나 강제노동 문제 등으로 미디어에 크게 다루어지고 난 뒤 이 기업은 불매운동으로 막대한 손실을 입었을 뿐만 아니라 가치 하락의 큰 피해를 입었다. 이러한 브랜드 이미지의 저하로 주가의 하락이나 근로자의 사기 저하, 신규 인재채용 난제 등의 영향을 받을 수 있다.

---

47 지역발전재정계획은 정부, 은행, 개인 등의 다양한 형태의 자금공급자로부터 자금을 조달하는 기능과 조달한 자금을 저소득층 또는 금융소외자, 그리고 빈곤 지역의 다양한 사회적 사업에 자금을 중개하는 기능을 하고 있다.

(2) 비용 증가 위험

국제 비즈니스 리더스 포럼(International Business Leaders Forum)에서는 투명성이 확보된 인권지침을 적절히 실시하지 않으면 기업은 보안비용이나 보험료가 증가할 수밖에 없다고 지적하고 있다. 또한 기업들이 인권존중을 게을리한 결과로 근로자들의 파업이 발생하고, 공장의 가동이 중단되는 경우에는 매출 감소로 이어질 수 있다. 2000년대 이후 실제로 중국, 베트남, 인도 등에서는 외국계 기업의 공장에서 임금 인상이나 노동환경 개선 등을 요구하는 파업이 종종 발생하였다.

게다가 기업은 소송 위험도 무시할 수 없다. 인권문제가 소송으로 발전했을 경우에는 그에 대한 대응 비용이 발생하고 소송의 결과에 따라 피해가 더욱 커질 수 있다.

(3) ESG 투자

2006년 유엔에서 책임투자원칙(Principles for Responsible Investment: PRI)[48]이 책정된 이후, 기업에 대한 투자판단 시 환경·

---

48 Principles for Responsible Investment의 약자로 6가지 책임투자원칙으로 이루어지며 환경, 사회, 거버넌스 과제와 투자의 관계성을 이해하고 서명기관이 이러한 과제를 투자 의사결정이나 주주로서의 행동에 포함하도록 요구하고 있다.

사회·지배구조의 과제를 포함하여 고려하는 ESG(Environmental, Social, Governance) 투자가 활발해지고 있다.

유엔 책임투자원칙은 환경, 사회, 지배구조와 같은 비재무적 요소들이 투자의사결정의 중요한 요소로 작용함에 따라 기관투자자가 이러한 이슈에 따른 위험을 줄이고 장기수익을 달성할 수 있도록 지원하기 위한 것이다.

여기에는 투자분석과 의사결정과정에 ESG 이슈를 적극 반영할 뿐만 아니라 투자 철학과 운용원칙에 ESG 이슈를 통합하는 적극적인 투자가 이루어지고 있다. 따라서 투자자는 기업에 ESG 이슈에 대한 정보공개를 요구한다. 그리고 금융산업에서 PRI 준수와 이행을 위해 노력하여야 하며 PRI의 이행에 있어서 그 효과를 증진시킬 수 있도록 상호 협력해야 한다. 또한 PRI의 이행에 대한 세부 활동과 진행사항을 투자에 반영할 수 있도록 공개하고 있다. 이와 마찬가지로 투자자에게는 기업의 인권 대응도 투자 판단의 하나가 될 수 있기 때문에 인권을 경시한 경영은 투자 대상에서 배제될 가능성이 있다.

다만, 유엔 책임투자원칙은 강제력은 없지만, 환경이나 사회에 대한 배려를 투자의사결정에 포함시키면서 투자자의 인권보장에 대한 의식이 높아지고 있다. 따라서 기업은 인권을 고려한 사회적 책임을 다하면서 투자자에 대해서도 설명책임을 다함으로써 투자위험을 감소시킬 수 있다.

기업의 법적 책임과 인권경영

　피해자 구제에 대한 접근은 국가의 보호 의무의 하나로 자국 영역 내 또는 관할 내에서 기업에 의한 인권침해가 발생된 경우 피해자가 효과적인 구제를 요구할 수 있도록 사법·행정·입법상의 적절한 조치를 해야 한다. 특히 국내 사법제도가 효과적인 구제수 단이 될 수 있도록 법적·실무적 장애를 배제하고 사법제도 이외의 구제조치도 함께 검토해야 한다. 이것은 결과적으로 효과적인 사 법제도의 존재 여부에 따라 구제를 받을 권리가 충족되는 수준도 달라진다.

1. 인권경영을 위한 기업의 정책 현황

　국가는 기업활동과 관련된 인권침해에 대처할 때 국내 사법적 제도의 실효성을 확보하기 위해 피해자에 대한 구제의 거부로 이 어질 수 있는 법적, 실제적 및 기타 이와 관련된 문제를 감소시키 기 위한 적절한 수단을 취해야 한다. 여기에는 피해자 구제에 대 한 접근 거부로 이어지는 법과 실제적인 기타 장벽을 제거하는 것이 포함된다.

우선 법적 장벽의 예로 기업집단 내 조직의 복잡성을 이용한 책임회피, 기업의 수입국이나 본국 법원의 접근거부, 원주민이나 이민자 등의 집단이 법적 보호에서 제외되는 경우 등을 들 수 있다. 또한 실제적이고 절차적인 장벽으로서 높은 재판비용, 적절한 변호사의 지원 부족, 집단소송 등에서의 선택지 부족, 형사소추의 경우에는 전문적인 지원이 결여된 경우를 들 수 있다.

(1) 기업인권문제에 관한 미국의 현황

1980년대 후반 이후, 미국에서는 기업이 관여한 인권침해 문제에 대해 법원의 법적 수단을 통해서 기업에 책임을 지우게 되었다. 이와 같은 미국 사법기관의 기업책임을 추궁하는 방법으로는 주법원의 불법행위에 대한 손해배상소송, 인권침해가 발생한 국가의 법원에 의한 손해배상을 명하는 판결, 판결의 집행 등의 방법도 있으나, 1990년대 중반 이후 주로 연방법원의 「외국인불법행위법」에 의한 손해배상소송을 둘러싸고 전개되어 왔다.

1) 「외국인불법행위법」
① 개요
「외국인불법행위법(Alien Tort Statute)」은 1789년에 제정된 법률로 지방법원(연방)은 미국의 조약을 위반하여 행해진 불법행위에 대해서만 외국인에 의한 민사소송에 제1차 재판 관할권을 가진다고 규정하고 있다. 동법은 약 200년간 거의 적용되지 않았지만, 가족이 고문으로 살해당한 파라과이 국적의 원고들이 동 국적의 전직 경찰관에 대해 손해배상 소송을 제기한 Filartiga 사건[49]에서 1980년 연방항소법원은 공무원에 의해 벌어진 피구속자에 대한 고문은 국제인권법 규범, 즉 국제관습법 위반이며 고문이 어느 장소에서 실행되었더라도 국내 영역 내에 있는 외국인에 의해 이루어진 이상 「외국인불법행위법」상 관할권이 부여된다고 판단하였다.

이 판결 이후 「외국인불법행위법」은 인권침해 피해자들이 국제인권소송을 미국에서 제기할 수 있는 주요 근거의 중요한 뿌리가 되었다.

② 「외국인불법행위법」의 전개

「외국인불법행위법」에 의한 손해배상 청구 소송은 당초 Filartiga 사건과 마찬가지로 인권침해에 관여한 공무원 등을 피고

---

49 Filartiga 사건은 1976년 파라과이 독재정권하 비밀경찰이 반정부 운동가 조엘 필라르티가의 17살 아들 조엘리토를 납치하여 고문으로 죽게 했다. 조엘리토의 가족은 이 사건 때문에 미국으로 망명을 하게 되고 우연히 자신의 가족을 죽인 경찰 페냐가 뉴욕의 브루클린에서 불법체류하고 있다는 사실을 알게 되었다. 그리하여 페냐를 불법체류자로 신고하는 한편 「외국인불법행위법」에 근거하여 고문 및 살인혐의로 손해배상 청구 소송을 제기하였다.

로 하였으나, 1990년대 중반 이후에는 기업의 책임에 대해 손해배상을 청구하는 것으로 광범위하게 전개되었다. 2010년까지 최소 155건 이상이 「외국인불법행위법」에 의해 기업에 대한 손해배상 청구 소송이 제기되었다. 그 대상 기업은 석유, 가스, 광산과 같은 에너지 관련 기업과 미국에 본사를 둔 기업뿐만 아니라 미국에서 활동하고 있는 외국 기업이나 인권침해 행위에 관여한 것으로 여겨지는 자회사의 모회사도 포함되어 있다.

한편 연방법원은 「외국인불법행위법」에 대한 기업의 책임에 일반적으로 소극적인 태도를 취하고 있었으나 2000년대 중반 이후 「외국인불법행위법」상 손해배상 소송을 통해서 피고 기업과 고액의 배상 등의 내용으로 화해에 이르게 되는 사건도 나타났다.

미얀마의 파이프라인 부설을 추진하기 위해 군사정권이 행한 강제노동, 강간, 고문 등에 석유기업인 유노칼(Unocal)사가 이를 지원했다고 하여 마을 주민들이 「외국인불법행위법」에 의한 손해배상 소송을 제기한 유노칼 사건에서는 2005년 인권침해 피해자에 대한 고액의 보상 등을 내용으로 하는 재판상 화해가 성립된 예가 있다.

③ 「외국인불법행위법」의 문제점

「외국인불법행위법」상 손해배상 소송에서는 어떤 내용의 위반이 동법에 의한 청구의 원인이 되는지, 개인인 기업이 국제법을 위반할 수 있는지, 기업은 인권침해 행위를 스스로 할 수 있는지,

또는 교사와 방조에 의해서도 책임을 지는지, 「외국인불법행위법」은 연방법원에 미국 이외에서 발생한 국제법 위반을 이유로 소송을 허용하는지 등에 대한 법률상의 문제점이 있다.

2004년 멕시코 국적의 원고가 연방마약단속국(Drug Enforcement Administration)이 고용한 멕시코인에게 유괴되어 미국으로 연행되자 같은 공무원을 상대로 「외국인불법행위법」에 의한 손해배상 소송을 제기한 Sosa 사건에서 연방대법원은 오늘날 「외국인불법행위법」의 직접소송의 근거가 될 수 있는 국제법 규가 받아들여지고 18세기 패러다임의 특징과 동등한 명확성에 의해 정의된 국제법적 성격을 갖는 규범으로 한정된다고 보았다.

2) 키오벨(Kiobel) 사건의 개요와 평가

키오벨 사건은 나이지리아 니제르델타에 있는 오고니랜드 주민들이 나이지리아 독재정권에 의한 살해, 고문 등과 관련해 석유기업인 로열더치셸사와 현지법인이 이를 지원했다며 「외국인불법행위법」에 의한 손해배상 소송을 제기한 사건이다. 이 사건에서는 원심인 연방항소법원이 국제법 위반을 이유로 기업의 책임을 부인하며, 원고들의 청구를 기각하였다.

당초는 사인인 피고 기업의 국제법 위반 여부가 논쟁이 되었으나 법정의견은 「외국인불법행위법」에 의한 손해배상 소송에서는 외교정책에 법원이 부당하게 개입하게 될 위험이 있는 한편 「외국인불법행위법」의 조항이 반드시 역외적용(The Presumption

Against Extraterritoriality)을 허용하고 있는 것은 아니라고 하여 「외국인불법행위법」에 의한 손해배상 소송에도 적용된다고 하였다.

이는 본 건에서 모든 행위가 미국의 영역 밖에서 이루어진 데 반해 원고들의 주장이 미국의 영역에 관한 것이라 하더라도 역외적용의 원칙을 적용하기 위해서는 충분한 근거를 제시할 필요가 있으며, 단순히 피고 기업이 미국의 영역 내에 거점을 갖는다는 것만으로는 충분하다고 할 수 없다고 하여 원판결을 유지하였다. 이러한 판결에 대해서 「외국인불법행위법」에 의한 손해배상 소송을 미국 영역 내에서 발생한 국제법 위반으로만 한정한 것으로 평가하였다.

그리고 국제법을 위반한 제품의 설계·제조·시험, 국제법을 위반한 행위를 한 자의 감독·관리, 미국의 영역 밖에서 인권침해 행위를 한 자에 대한 재정적인 지원·피난처의 제공과 같은 행위가 미국의 영역 내에서 행해진 경우 등에는 「외국인불법행위법」의 적용을 부정하는 것이 아니라는 견해도 제시되고 있다.

(2) 기업인권문제에 관한 유럽의 현황

1) 관할

EU 국가의 관할 경합에 관한 원칙적 규칙은 브뤼셀 1 규칙(Brussels 1 Regulation) 제4조 제1항이다. 즉, 본 규칙에 특별한 규정이 있는 경우를 제외하고 가입국의 주권 영역에 주소가 있는

경우에는 그 국적에 관계없이 49개 가입국의 법원에 소송을 제기
할 수 있다.

　그리고 제63조 제1항에서 회사 및 법인에 대한 본 규칙의 적용
에 관하여는 (a) 정관에 의한 본점 소재지 (b) 주된 관리지 또는
(c) 주된 영업소가 있는 곳에 그 주소를 가진다고 규정하고 있다.

　피고가 가입국 국내에 주소가 없는 경우에도 각각의 국내법에
서 관할을 인정할 수 있으며(제6조), 필요성의 예외, 피고의 참여
및 형사의 관할권을 통한 민사책임에 대하여 일반적으로 인정된
다. 우선 필요성의 예외는 원고가 재판을 제기할 수 있는 다른 재
판지가 존재하지 아니하는 경우에 관할을 인정하는 법리이다. 이
법리는 많은 EU 가입국에서 인정받고 있다.

　그리고 피고의 참여는 동 규칙 제8조 제1항에서 규정하고 있
다. 즉, 가입국의 주권영역에 주소를 둔 자에 대해서는 법원에 소
송을 제기할 수 있다. 또한 제8조 제1항에 따라 복수의 자가 공동
으로 소송을 제기하는 경우에는 피고 중 한 명이 주소를 둔 지방
의 법원이 된다. 다만, 소송에 대하여 절차를 분리한 경우에 모순
되는 재판이 선고될 가능성이 있으므로 이를 회피하기 위해서는
소에 대하여 하나의 공통된 변론 및 재판을 필요로 하는 밀접한
관련성이 있는 경우로 제한하고 있다.

　나아가 제8조는 EU 회원국에 주소를 둔 피고에게만 적용되지
만 대부분의 국가에서는 EU 회원국 밖에 있는 기업에 대한 적용
을 인정하고 있다. 예를 들면, 영국에서는 다른 피고에 대한 관할

권이 브뤼셀 1 규칙에 의해 인정되고 EU 가입국 외의 기업의 청구에 대해 필요하고 적절한 당사자라고 생각되는 경우에는 그 기업에 대한 관할권을 인정하고 있다.

2) 기업의 선관주의의무

영국법에서는 모회사가 선관주의의무를 지는지에 대해서 손해의 발생이 예견 가능한지 여부와 당사자 간에 충분한 연결고리가 존재하는지 그리고 선관주의의무를 부과하는 것이 공평하고 정당하며 합리적인지를 종합하여 판단한다.[50] 이러한 의무에 대해 판례는 외국 자회사의 활동을 사실상 통제하고 있음이 증명되고, 또한 그 지시를 통해 자회사의 활동이 근로자나 공장, 회사 부지 인근 주민의 건강에 위험을 끼친다는 것을 알고 있던 모회사는 자회사에 대한 관리나 조언이 가능한 관계에서 근로자나 기타 사람들에 대해 선관주의의무를 가진다고 하였다.

한편 영국에는 원고의 성공보수형 계약 체결의 인정, 집단소송 및 증거 공개나 증거수집에 대해 비교적 피해자 측에 유리한 제도의 정비 등으로 개발도상국 피해자가 소송을 제기하기 쉬울 수 있다. 그러나 대부분의 유럽 국가에서는 집단소송이 특정 소송유형으로만 인정되거나 원고적격,[51] 구제방법 등에 제약이 존재하고

---

50 선관주의의무는 선량한 관리자의 주의의무를 말하며, 최근 기업에서 요구되는 선량한 관리자의 주의의무는 점점 확대되고 있다.

51 원고적격은 소송을 제기할 수 있는 당사자적격을 뜻하며 원고적격이 없

있다. 또한 피해자는 일반적으로 변호사 비용을 지불할 자력이 없기 때문에 피해자 측을 대리하려는 변호사를 찾기 어렵다.

3) 적용 법규

EU의 국외에서 일어난 사건의 불법행위책임에 관해서 원칙적으로 계약 외 채무의 준거법에 관한 유럽의회 및 이사회 규칙(EU Regulation on the Law Applicable to Non-contractual Obligations: Rome II)에 의해 법규의 적용이 결정된다. 즉, 불법행위에 따른 채무관계는 결과발생지법에 따르나(제4조 제1항) 결과가 발생했을 때 피해자와 가해자가 동일하게 국내에 상거소(常居所)를 갖는 경우에는 동국의 법에 따른다(제4조 제2항).

다만, 결과발생지국이나 양 당사자의 상거소보다도 명백히 밀접하게 관련된 국가가 있는 때에는 그 국가의 법에 따라야 된다(제3항).[52] 이는 원칙적으로는 다국적기업에 본거지의 법은 적용할 수 없게 되면 제2항 및 제3항의 예외가 인정될 여지도 없다고 평가되고 다국적기업에 대한 책임추궁의 장벽이 된다.

는 자의 소송은 부적법하여 각하된다.

52 유럽연합 회원국의 법원에 의하여 그 적용대상에 속하는 모든 계약 외 채무에 적용되므로 유럽연합 회원국의 법원에서 재판받는 우리 기업과 개인에 대하여도 영향을 미칠 수 있다.

2. 기업의 인권경영에 관한 법적 대응 현황

(1) 국내 법적 대응

기업 자체가 인권침해를 이유로 형사책임을 지게 된 사례는 현재로선 찾아보기 어렵다. 그러나 기업의 형사책임을 인정하는 규정이 정해져 있는 국가가 있는데, 네덜란드의 경우 형법에는 기업의 형사책임을 인정하는 규정이 있으므로 이를 참조할 필요가 있다. 그리고 기업활동과 관련해 발생한 대규모 인권침해에 대한 공모죄로 개인이 처벌받은 사례도 있었다.[53] 2005년 네덜란드 헤이그 지방법원에서 프랑 반 앙라트(Frans Van Anraat)가 이라크 사담 후세인 정권하에서 머스터드 가스(Mustard Gas) 제조에 사용된 제품을 대량 수출한 혐의로 전쟁범죄에 대한 유죄가 선고됐다.

동 판결은 이익을 추구하기 위해서 의도적으로 이라크의 화학무기 제조계획에 본질적인 기여를 했다는 판단에 따라 이뤄졌다. 또한 마찬가지로 네덜란드에서 라이베리아(Liberia) 내전 때 사업가 구스 코운호벤(Guus Kouwenhoven)이 전직 대령 찰스 테일러에게 무기를 매각한 행위로 전쟁범죄와 무기수출 혐의로 기소되어 2018년 12월 대법원에서 19년 징역형에 처해졌다.

---

53 나치 정권하에서 행해진 대규모 인권침해에 기업이 기여한 것을 근거로 다수의 기업 관계자가 영국과 미국의 군사법원에서 처벌받은 예는 있지만, 여기서 문제 삼고 있는 것은 통상적인 형사재판에서의 처벌이다.

(2) 국제기구의 대응

2017년 4월에 유엔 인권이사회의 보고서에서는[54] 기업의 형사 책임에 대해 기업이 관여한 인권침해에 초점을 맞춘 법집행 부문에서 국제공조를 성공시키는 측면에서의 진보는 거의 없다는 점, 현존하는 조사의 대부분은 과제와 장애에 초점을 맞추고 있다는 점, 시민단체가 국내 검찰에 처벌을 요구해도 성공하지 못했다는 점, 그리고 기업이 관여한 인권침해 행위에 대한 형사처벌을 부과하는 국가의 정치적 의사가 결여되어 있는 점 등을 지적하고 있다.

따라서 우선 국가는 인권침해를 일으키는 행위 또는 그에 가담하는 행위를 금지하고, 기업 자체에 책임을 부과하는 법제도의 채택, 국경을 초월한 협력을 실현하기 위한 양자 간 및 다자 간 협정 체결, 국내법의 정비, 국경을 초월하여 기업활동에 수반되는 인권침해 사례에 대해 수사 및 기소를 담당하는 전문성을 가진 조직을 정비하는 것이 필요하다.

---

54 Best practices and how to improve on the effectiveness of cross-border cooperation between States with respect to law enforcement on the issue of business and human rights: Study of the Working Group on the issue of human rights and transnational corporations and other business enterprises (A/HRC/35/33).

참고문헌

1. 김병준, "초국경적 기업의 인권보호 강화를 위한 사회적 책임(CSR)의 이행", 건국대학교 박사학위 논문, 2012, p.87.

2. 김영식, "ESG 바로보기: 경영진을 위한 ESG 안내서", 한국공인회계사회, 2021, p.15.

3. 김윤정, "대기업집단 지배구조 개선 법제 연구", 한국법제연구원, 2018, pp.66-67.

4. 김창수, "환경경영과 기업가치", 재무연구 제23권 제2호, 한국재무학회, 2010, pp.124-127.

5. 김현철, "인권보호 무역규범과 WTO 비차별원칙 및 일반적 예외조항의 조화에 관한 연구", 경희대학교 대학원 박사학위 논문, 2022, p.28.

6. 류성진·김재원, "다국적기업의 인권경영에 관한 글로벌 법제 현안 연구", 한국법제연구원, 2015, p.43.

7. 문진영, "사회적 배제의 국가간 비교연구: 프랑스, 영국, 스웨덴을 중심으로", 한국사회복지학 제56권 제3호, 한국사회복지학회, 2004, p.258.

8. 백범석·김유리, "[判例評釋] 미연방대법원 Kiobel 판결의 국제인권법적 검토(미연방대법원 No. 10-1491, 2012.02.28. 1차 변론, 2012.10.01. 2차 변론, 2013.04.17. 판결)", 국제법학회논총 제58권 제3호, 대한국제법학회, 2013, p.259.

9. 이재현, "기업의 ESG 경영과 근로자의 인격권 보호", 동아법학 제104호, 동아대학교 법학연구소, 2024, pp.350-355.

10. 오현석, "지속가능 경영 규범의 법제화에 관한 고찰-글로벌공급망을 중심으로-", 고려법학 제113호, 고려대학교 법학연구원, 2024, pp.130-140.

11. 유관령·이태희, "산업별 ESG 이행 및 성과 차이에 관한 연구: 유통산업과 금융산업을 중심으로", 경영컨설팅연구 제24권 제3호, 한국경영컨설팅학회, 2024, pp. 215-220.

12. 윤혜진, "아동 노동과 노동 아동의 권리", 동서철학연구 제101호, 한국동서철학회, 2021, p. 501.

13. 장복희, "다국적 기업과 인권의무", 영남법학 제35호, 영남대학교 법학연구소, 2012, p. 66.

14. 전명숙, "새로운 글로벌 액티비즘: 행동수칙(Code of Conduct) 수립과 다국적기업 감시", 국제노동브리프, 한국노동연구원, 2006, p. 23.

15. 전병길·김은택, "사회혁신 비즈니스: 사회적 경제 생태계를 이해하고 활용하는 법", 생각비행, 2013, p. 154.

16. 정수영·황은경, "UN 책임투자원칙(PRI)의 확산과 기관들의 도입 현황", PRI in Person 2008 Annual Event, Seoul, June 17-18, 제80호 ECO200807.

17. 최영란, "미국 외국인불법행위법: 외국회사에 대한 연방재판관할 면제", 서울법학 제26권 제4호, 서울시립대학교 법학연구소, 2019, pp. 314-316.

18. 최태현, "아프리카에서의 다국적기업의 사회적 책임(CSR)에 관한 국제법적 규율", 법학논총 제39권 제2호, 한양대학교 법학연구소, 2022, pp. 23-25.

19. 한국경제연구원, "ESG 해외소송과 기업리스크 관리에 대한 시사점 보도자료", 2023.

20. 한승수, "계약외채무의 준거법에 관한 유럽연합 규정(로마II규정)과 우리 국제사법상 제조물책임의 준거법: 개정 제조물책임법에 관한 논의를 포함하여", 서울법학 제26권 제1호, 서울시립대학교 법학연구소, 2018, p. 247.

21. A. Nuts, "Study on Residual Jurisdiction-General Report(FINAL VERSION DATED 3 SEPTEMBER 2007)", 2007.

22. Confederation of Norwegian Business and Industry, "Corporate social responsibility", Confederation of Norwegian Business and Industry, January 2003.

23. Harry J. Van Buren III, "The bindingness of social and psychological

contracts: Toward a theory of social responsibility in downsizing", Journal of Business Ethics 25, 3, June 2000, pp. 205-219.

24. I. Wuerth, "The Supreme Court and the Alien Tort Statute: Kiobel v. Royal Dutch Petroleum Co.", 107 American Journal of International Law, 2013.

25. J. C. Drimmer and S. R. Lamoree, "Think Globally, Sue Locally: Trends and Out of Court Tactics in Transnational Tort Actions", 29 Berkeley Journal of International Law 456, at 461, 2011.

26. J. Zerk, "Corporate Liability for Gross Human Rights Abuses", Report prepared for the Office of the UN High Commissioner on Human Rights, 2012, pp. 194-202.

27. Jennifer Zerrk, "Corporate liability for gross human rights abuses, Towards a fairer and more effective system of domestic law remedies, A report prepared for the Office of the UN High Commissioner for Human Rights", 2012, p. 90.

28. Juan Jose Alvarez Rubio and Katerina Yiannibas(eds), "Human Rights in Business Removal of Barriers to Access to Justice in the European Union", 2017, pp. 51-52.

29. Juan Jose Alvarez Rubio and Katerina Yiannibas, "Human Rights in Business Removal of Barriers to Access to Justice in the European Union", 2017, p. 33.

30. Nations Unies, Assemblée générale A/HRC/32/19/Add. 1, 2016, p. 3.

31. Regulation (EC) No 864/2007 of the European Parliament and of the Council of 11 July 2007 on the law applicable to non-contractual obligations (Rome II), OJEU L199/40 (31 July 2007).

32. Sauvant & Aranda, K. P. Sauvant & V. Aranda, "The International Legal Framework for Transnational Corporations", in A. Fatouros(ed.), Transnational Corporations: the International Legal Framework, United

Nations Library on Transnational Corporations, vol. 20, 1994, pp. 83-115.

33. Surya Deva, David Bilchitz, "Human Rights Obligation of Business", 2013, p. 387.

34. Susan Ariel Aaronson, "Broadening corporate responsibility", International Economy 16, 4, Fall 2002, pp. 46-47.

35. 古賀智久,「外国人不法行為法在巡否議論: アメリカ連邦最高裁ソーサ事件判決を契機として」, 法政論叢 43巻1号, 2006, pp. 163-164; Sosa v Alvarez-Machain, 542 US 692 (2004) at 725.

36. 岩沢雑司,「アメリカ裁判所における国際人権訴訟の展開(一)(二·完)」, 国際法外交雑誌 87巻 2号, 1988, p. 1.

37. 後藤芳一, 企業の社会的責任(CSR)とわが国の対応, 化学経済, 51巻 7号, 2004, p. 2.

38. 越智訓男,「企業の社会的責任(CSR)(Ⅰ)」, 商工ビジネスデータ No. 192, 2004, p. 1.

39. 唐木宏一,「オルタナティブな銀行の社会的な融資」一橋論叢 第128巻 第5号, 2002.

40. 谷本寛治編著, CSR 経営, 中央経済社, 2003, pp. 211-212.

41. Kobel v. Royal Dutch Petroleum Co., 133 SCt 1659.

42. Filártiga v. Peña-Irala, 630 F. 2d 876, 2d Cir., 1980.

43. [1998]CLC 1968 (CA);[2000]1 WLR 1545 (HL).

44. Kiobel v. Royal Dutch Petroleum Co., 621 F3d 111(2d Cir. 2010).

45. Microsoft Corporation v. AT&T COPp., 550 U.S. 437, 454(2007).

46. Morrison v. Nat'l Australa Bank Ltd., 130 S. Ct. 2869,2878 (2010).

47. http://opiniojuris.org/2013/04/17/kiobel-instthe-death-of-the-ats-and-the-rise-of-transnational-tort-Litigation/.

48. https://uitspraken.rechtspraak.nl/inziendocument?id=ECLI:NL:HR:2018:2349.

49. https://www.koreanre.co.kr/webzine/InsuranceWorld_418/page2.html.

50. https://www.iso.org/iso-26000-social-responsibility.html.

51. https://news.mt.co.kr/mtview.php?no=2023031609350327631.

52. http://www.moj.go.jp/content/001155126.pdf.

53. https://www.business-humanrights.org/en/.

54. https://www.sfu.ca/ced/certificate/About.htm.

55. https://earthrights.org/case/doe-v-unocal/.

56. http://www.ejcl.org/143/art143-9.pdf.

57. https://www.iblfglobal.org/.

58. http://www.hrw.org.

제4장

인권경영의 중요성과
기본 원칙

제1절 인권경영의 배경

1. 기업의 세계화와 인권 영역의 확대

(1) 개요

기업의 세계화는 신흥국이나 개발도상국에 선진국 기업들의 사업 진출이 진행되고, 신규 개척시장으로서의 사업 기회가 확대되는 것을 의미한다. 한편, 선진국에서는 그동안 문제가 되지 않았던 인권문제가 위험요인이 되어 기업경영에 영향을 미치게 되었다. 즉, 기업에서 인권문제는 자사뿐만 아니라 공급망에서의 노무·고용 상황이나 지역 주민에 대한 인권과제에 있어서도 기업에 요구되는 역할과 책임이 확산되고 있다. 이와 같이 기업을 경영하는데 인권문제가 발생하는 배경에는 다음과 같은 원인이 있다.

첫째, 기업의 경제활동 영역이 확장되어 세계화되고 있는 추세이다. 기업의 사업 활동이나 투자 활동은 전 세계를 대상으로 급속히 확산되고 있으며, 우리나라 기업도 해외에서의 생산·판매 비율이 해마다 높아지고 있다.

이러한 글로벌 기업의 활동은 신흥국 등의 각국 경제 사회에 큰 변화를 가져오고 있다. 그 결과 신흥국 등에서 시민인권에 대해 기업활동이 미치는 영향도 확대·심화되고 있으며, 인권문제에 대한 기업의 역할과 책임이 높아지고 있다.

둘째, 세계화에 따른 신흥국의 경제사회 변화에 있어 인권보호를 위한 정부의 통치·관리(Governance)가 제대로 대응하지 못하고 있다. 신흥국에서는 인권에 관한 국내법이 정비되어 있지 않고, 법 규제가 있어도 집행이 불충분하거나 뇌물이나 부패 등으로 법 규제가 왜곡되어 있는 경우도 있다. 특히 분쟁지역에서는 정부에 의한 인권보호 문제가 소홀하여 인권침해가 발생하기 쉬운 측면이 있다.

세계화로 인해 기업들이 겪고 있는 인권과제가 경영 측면에서 중요한 부분 중 하나로 인식되고, 신흥국 등을 비롯하여 세계적으로 인권과제에 대해 기업에 요구되는 책임이 확대되고 있지만, 실제 기업의 대응이나 인식은 충분하다고 할 수 없다. 나아가 첨단 기술의 진보로 인터넷을 통한 정보의 접근이나 습득이 용이해졌다. 그래서 개인의 인권에 대한 의식이 성숙해지고 세계 각지의 인권침해 상황에 대한 정보를 쉽게 알 수 있고 접근도 쉬워지면서 기업의 대응도 바로 알 수 있다. 그리하여 기업의 인권침해에 대한 개인과 기업의 인식차이로 향후 인권에 대한 문제는 더욱 중대한 이슈로 자리 잡게 될 가능성이 있다.

(2) 인권의 보호범위 확대

종래 인권의 보호범위는 특정 집단에 대한 차별이나 괴롭힘, 강제노동이나 아동노동 착취와 같은 문제에 한정되어 있었다. 하지만, 최근에는 인공지능(AI)을 비롯한 새로운 기술에 의한 인권침해 문제, 나아가 환경·기후변화에 의한 인권침해 문제에 이르기까지 대상이 확대되고 있다.

2021년 유엔 인권이사회는 안전하고 청결하며 건강하고 지속가능한 환경을 기본적인 인권의 보호범위로 채택하였다. 예를 들어, 극심해지는 기후 관련 재해나 자연파괴, 환경오염은 사람들이 살아가는 데 필요한 물에 대한 접근에 중대한 영향을 미친다. 또한 유엔 세계식량계획에서도 기후변화가 초래하는 기아 현상에 대해 강한 경종을 울리고 있다. 그뿐 아니라 기후변화에 의해 강제적으로 이주를 강요받는 사람들이 급증하는 것도 우려하고 있으며, 향후 기후위기가 사람들의 기본적 인권을 위협하는 최대 요인이 될 가능성 있다고 지적하고 있다.

1) COVID-19로 인한 격차 확대

COVID-19와 이로 인한 사회적 혼란은 특히 어린이와 고령자, 장애인, 빈곤층과 같은 사회적으로 취약한 계층에 있는 사람들에게 심각한 영향을 미쳤다. 그리고 기업의 생산조정과 봉쇄에 따른 기업의 활동 저하는 공급망을 거슬러 올라가서 기업의 전반적인 활동에 대해 영향을 미쳤으며, 특히 불안정한 고용형태에 있는 근로자들에게 다양한 형태의 해고와 임금체불, 산업안전 경시 등으로 더 큰 영향을 주었다. 또한 COVID-19의 확산은 공급망, 비정규직, 의료인, 어린이·고령자·장애인·외국인의 프라이버시에 영향을 미쳤다.

그리고 COVID-19 팬데믹 기간에 미국에서 발생한 '블랙 라이브스 매터(Black Lives Matter) 운동'[55]은 COVID-19 사태로 인한 격차의 확대와 맞물려서 사회 내 구조적 차별을 가시화하고, 공정한 사회를 요구하는 국제적인 운동으로 발전해 나갔다. 이러한 국제적인 운동의 확대와 함께 인권이나 사회정의에 적극적으로 임하는 것이 사회를 보다 공정하고 정의롭게 만드는 것으로 인식되면서 '블랙 라이브스 매터(Black Lives Matter) 운동'은 기업이나 투자가에게도 확산되기 시작했다.

2) 최첨단 기술의 등장과 인권

최근에는 다양한 분야에서 인공지능(AI)을 비롯한 새로운 기술 개발과 사회 변화가 가속화되고 있으며, 동시에 인권침해 우려가 현실화되면서 규제에 대한 본격적인 논의가 진행되고 있다. 유엔 인권고등판무관 사무소는 2021년 9월 프로파일링(Profiling)으로 자동화된 의사결정, 기계학습을 포함한 인공지능(AI) 활용에 따른 프라이버시 침해 및 관련 권리에 미치는 영향에 대해 다음과 같이 제언하고 있다.

인공지능(AI)을 도입하는 경우 실사와 데이터의 수집·보관·공

---

55   블랙 라이브스 매터(Black Lives Matter) 운동은 인종차별 반대운동이다.

유·이용과정에 알고리즘 상의 불충분한 투명성으로 인권침해의 위험성이 높은 공공장소에서 생체인증을 할 때 인권침해 문제가 발생할 수 있고 이에 대해 사전에 적절한 대응을 할 수 없기 때문에 일시 중단할 것을 제안하고 있다. 또한 유럽에서는 2018년 5월부터 개인정보의 취득과 이전에 관한 규정인 「일반 데이터 보호 규칙(General Data Protection Regulation)」이 제정·시행되고 있으며, 인공지능(AI)을 이용한 개인정보의 수집을 적극적으로 규제하고 있다. 2021년 4월 유럽위원회가 세계 최초로 인공지능(AI)에 관한 규제 프레임워크(Regulatory Framework Proposal on Artificial Intelligence)를 제안하였다.

2024년에는 인공지능(AI) 이용을 제한하는 포괄적인 규제를 담은 인공지능법(Artificial Intelligence Act)이 공표되었다. 여기에는 인공지능(AI) 시스템이 미치는 위험을 수용 불가능한 AI(Unacceptable AI), 고위험 AI(High Risk AI), 제한적 위험 AI(Limited Risk AI), 저위험 AI(Minimal Risk AI)의 4단계로 구분하고 있다.[56] 그리고 인공지능법에서는 다음과 같은 제한과 내용을 가지고 있다.

우선, 수용 불가능한 인공지능(AI)은 안전과 보안, 기본적 권리의 관점에서 용인할 수 없는 위험을 초래하기 때문에 금지하고 있

---

56 이러한 위험은 유럽인권조약 제2조, 제3조 등이 규정하는 공정하고 안전하며 건강한 근로환경에서 일할 권리, 근로자들의 존엄권과 단결권 등을 침해할 수 있다.

다. 이를테면 법 집행을 목적으로 공적 공간에서 실시간 생체인증 시스템이나 서브리미널(Subliminal) 기술[57] 이용과 정부에 의한 개인의 신용을 등급화하는 소셜 스코어(Social Score),[58] 직장이나 교육 현장에서의 감정 인식, 인종 등 민감한 특징에 근거하는 생체 분류, 범죄 행동 예측이나 법 집행 목적의 생체인증 등은 금지된다.

둘째, 고위험 인공지능(AI)은 입학이나 채용, 의료기기 등의 안전 부품, 건강보험이나 생명보험 등 중요한 민간·공적 서비스의 급부, 중요 인프라 등에서 인공지능(AI) 이용 시 데이터 품질 기준, 기술문서 작성과 유지, 자동 기록 기능 탑재와 이력 추적, 사용자 투명성 확보와 정보 제공, 인적 감독 보장, 정확성과 견고성, 사이버보안의 확보 등 매우 높은 수준의 요구사항을 부과하고 있다.

셋째, 사람과 직접 상호 작용하는 채팅 로봇 등과 같은 제한적 위험 인공지능(AI)에 대해서는 투명성 확보 등 한정적인 조건을 부과하고 있다.

넷째, 위에 분류되지 않은 사진 편집, 상품 추천, 스팸 필터링,

---

57 서브리미널 기술은 인간의 잠재의식에 작용하여 인간의 태도와 행동을 변화시키고 성과를 향상시킬 수 있다.

58 소셜 스코어는 개인의 SNS를 포함한 온라인 활동과 다양한 주제에 대한 영향력을 숫자로 평가한 것으로 타인에게 미치는 인터넷에서의 영향력 정도를 의미한다. 소셜 스코어가 다루는 특정 주제는 바뀔 수 있고 인지도와 호감도 등을 평가해 점수를 매기기도 한다. 대상은 사람이나 기업, 제품일 수도 있다.

일정 관리 소프트웨어 등 저위험 인공지능(AI)에 대해서는 강제 조치가 없다.

또한 미국에서도 샌프란시스코를 비롯한 10개 이상의 도시에서 경찰 등 행정기관에 의한 인공지능(AI) 사용금지가 규정되어 있다. 이는 블랙 라이브스 매터 운동에 의한 사회적 관심 고조나 규제와 관련된 논의의 동향이 반영되어 아이비엠사, 아마존사, 마이크로소프트사와 같은 글로벌 IT 기업에서 얼굴인식 기술의 이용이나 개발을 중단하는 움직임이 일어나고 있다.

우리나라에서는 규제에 관한 정비를 진행하고 있지 않지만, 일본의 경우는 실제로 인공지능(AI)의 도입과 관련된 문제가 발생한 사례도 있다. 일본의 IBM에서 인사평가나 임금결정에 인공지능(AI) 시스템을 도입한 것에 대해 인공지능(AI) 시스템에 대한 충분한 사전 설명이 없었기 때문에 IBM 노동조합이 도쿄도 노동위원회(東京都 勞働委員会)에 구제를 신청하는 노사분쟁으로 발전한 사건이 발생하였다.

한편 인권에 부정적인 영향을 미칠 수 있는 새로운 첨단 기술은 인공지능(AI)에만 해당되지 않는다. 해외의 경우 수없이 많이 이용하는 SNS에 의해 차별이 조장된다는 이유로 페이스북 광고를 정지하거나 SNS 계정의 이용을 무기한 정지하는 기업의 움직임도 있다. 그렇지만 인공지능(AI)을 비롯한 새로운 기술이 개발되고 사회에 도입되면서 발생하게 되는 다양한 사회문제를 해결함으로써 사람들의 삶이 풍요로워질 것으로 기대하는 의견도 있다.

반면 최첨단 기술의 등장은 의도하지 않은 형태로 인권에 부정적인 영향을 미칠 가능성이 있기 때문에 관련 법령 위반으로 고액의 제재금이 부과되는 사례도 발생하고 있다. 이는 최첨단 기술에 대한 규제적 측면에서 새로운 기술의 이용에 대한 사회적 합의가 충분히 진행되지 않은 상황인 데 더해 운용적 측면에서 적합한 설명이 부족하여 그 책임을 다하지 못한 것이다. 따라서 스타트업(Start Up)을 포함한 최첨단 기술을 취급하는 기업뿐만 아니라 그러한 기업과 협업하는 기업이나 기술을 이용하는 기업에서는 인공지능(AI)을 비롯한 새로운 기술이 초래하는 인권침해의 가능성을 충분히 고려하는 것이 요구된다.

3) 지정학적 위험요인과 인권

중국의 신장 위구르 자치구에서는 중국 정부에 의해 소수민족에 대한 구속, 학대, 강제노동 등의 인권침해가 빈번하게 발생하고 있다.[59] 이러한 가운데 강제 수용된 사람들이 글로벌 기업의 공급망을 구성하는 공장에서 강제노동에 종사한다는 지적이 있다.

미국에서는 신장 위구르 자치구의 특정 거점이나 기업에 대한 수입 유보 조치를 실시한 이후, 그 대상을 면제품이나 토마토, 태양전지 재료와 같은 제품으로 확대시켰으며, 2021년 12월에는 대

---

59   신장 위구르 자치구에는 약 1200만 명의 위구르족이 있는데 대부분 무슬림이며 이들을 대상으로 집단 강간, 성적 학대, 고문 등이 가해졌다는 유엔의 보고서가 발표되었다.

상을 한층 더 확대시켜 신장 위구르 자치구가 관여하는 제품의 수입을 원칙적으로 금지하는 「위구르 강제노동 방지법(Uyghur Forced Labor Prevention Act)」을 발표하였다. 또한 미국과 호주의 주도하에 전제(專制)국가의 감시기술이 인권침해에 악용되는 것을 막기 위한 '수출 통제 및 인권 이니셔티브(Export Controls and Human Rights Initiative)'[60]가 발표되었다. 이것은 미국과 유럽의 의류 제품을 중심으로 신장 위구르 지역에서의 소재 조달을 중지하거나 현지 거래처와의 거래를 정지하는 대책이지만, 중국 내 소비자의 반발과 불매운동으로 중국 내에서 판매 수익이 급감하는 사태도 발생하였다.

한편 2021년 2월 쿠데타로 미얀마 전역에 비상사태가 선포되면서, 민주화를 요구하는 시민들이 전개한 불복종 운동에 대해 정부군의 폭력적 탄압행위로 다수의 사상자가 발생하였다.[61] 이에

---

60   수출통제 및 인권 이니셔티브는 2021년 12월 미국, 호주, 덴마크 및 노르웨이 등 4개국의 공동 성명문으로 권위주의 정부의 기술 남용을 억제하여 자국민을 보호하기 위한 것이다. 여기에는 권위주의 정부가 초국경적인 심각한 인권침해와 관련하여 감시도구 및 기타 관련 기술을 점점 더 많이 사용하고 있다고 하며, 인권과 민주주의 가치를 침해할 위험이 있는 첨단 기술의 남용과 관련된 위험을 강조한다.

61   2021년 2월, 미얀마 군부는 국가비상사태를 선포하고 수도 네피도를 비롯한 주요 도시를 점령했다. 국가 폭력에 의해 약 2,900명이 목숨을 잃었고, 시위에 연루돼 체포된 사람은 수만 명에 이른다. 또한 쿠데타 이후 약 1만 2천 명이 고향을 떠났으며 국외로 이주한 사람도 7만 명이 넘는다.

대해 유엔의 미얀마 사실조사단은 이미 2019년 보고서에서 투자자와 기업에 군자금으로 이어질 수 있는 거래의 정지를 요구했으며, 나아가 유엔 인권고등판무관실은 기업에 대해 인권보호의 책임을 다하고 거래정지 등의 조치를 통해 군에 의한 중대한 인권침해를 막기 위해 노력하고 있다.

이런 상황에서 비정부단체는 현지에서 경제활동을 하고 있는 기업에 미얀마에서 발생하고 있는 인권침해에 대한 책임을 요구하고 있다. 또한 유엔의 전문가 위원은 국가 및 기업에 분쟁지역에서 강화된 실사의 중요성을 제언하고 있다.

따라서 인권실사는 인권침해 위험의 단계에 따라 대응 수준을 높여야 한다는 전제하에 기업은 분쟁의 구조적 요인을 이해하고, 분쟁과 관련된 행위자를 정리하여 사업이나 제품·서비스 제공이 가져올 수 있는 영향을 평가함으로써 분쟁요인을 고려하여 인권침해를 방지하는 대처를 적극적으로 시행할 필요가 있다.

(3) 인권침해에 대한 대처에 따른 영향

기업활동에서 인권문제를 검토할 때 위험한 요인이란 기업이나 조직에 있어서 위험요인만이 아니라 기업활동에서 인권침해의 대상자가 부정적인 영향을 받는 위험을 포함하는 것이다. 예를 들면, 아동의 노동착취로 인한 위험은 아이들이 교육을 받을 기회나 보호를 받아 건강하고 안전한 삶을 살 권리를 빼앗길 위험을 의미하는 것이다. 이와 같이 기업활동과 관련하여 인간이 태어나면서 당연히 가져야 할 자유나 권리를 침해할 가능성이 있는 위험요인들은 명확하게 검토할 필요성이 있다.

한편 기업이 인권문제에 관심을 기울이지 않고 인권에 관한 위험요인을 방치하면 그 결과 기업에서는 다양한 위험요인이 나타나게 된다. 구체적으로 소송이나 행정처분 등의 법적 문제, 파업이나 인재 유출 등의 경영 문제, 불매운동이나 SNS에서의 이슈 등의 평판 문제, 주가 하락이나 매각 등의 재무 문제 등 다양한 위험요인을 생각할 수 있다. 즉, 인권에 관한 위험요인은 그대로 경영에 관한 위험요인으로 이어질 수가 있다.

1) 인권침해에 대한 대처의 긍정적인 영향

① 신규고객 개척 및 고객 단가 상승

기업이나 소비자의 인권 의식의 향상으로 인권문제에 대한 적절한 대처는 판매 수량이나 단가 상승으로 이어질 수 있다. 그리고 인권을 배려한 제품과 서비스의 제공은 기업의 브랜드 이미지 향상을 수반해 신규고객을 더 모집할 수 있고, 고객 1인당 구매력 상승도 가져올 수가 있다.[62] 그리고 소비자 사이에서도 인권문제

---

62 관련 법령으로는 「장애인·노인·임산부 등의 편의증진 보장에 관한 법률」 제4조(접근권) 장애인 등은 인간으로서의 존엄과 가치 및 행복을 추구할 권리를 보장받기 위하여 장애인 등이 아닌 사람들이 이용하는 시설과 설비를 동등하게 이용하고, 정보에 자유롭게 접근할 수 있는 권리, 「교통약

해결의 지속 가능성에 대한 관심이 높아지고 있어 기업의 인권문제에 대한 적절한 대처는 모든 소비 행동에 영향을 주고 있다.

또한 기업과 기업 사이의 거래를 바탕으로 이루어지는 기업활동(Business-to-Business)의 경우에도 최근 인권을 고려한 조달기준을 책정하는 대기업이 증가하고 있다. 이러한 조달기준을 충족하는 정도의 대응을 실시하고 있다면 거래처의 확대와 제품 개발로도 이어진다. 이는 인권을 고려하여 사회적 약자를 배려한 제품, 이른바 배리어 프리(Barrier-Free) 제품[63]이나 지역 환경을 배려한 제품 등이 포함된다. 따라서 인권이나 기업의 지속적인 성장 가능성을 고려한 제품 개발은 기업의 혁신으로 이어지게 된다.

② 생산성 향상

기업의 생산성 향상을 위해서라도 인권을 존중하는 대처가 필

자의 이동편의 증진법」 제3조(이동권) 교통약자는 인간으로서의 존엄과 가치 및 행복을 추구할 권리를 보장받기 위하여 교통약자가 아닌 사람들이 이용하는 모든 교통수단, 여객시설 및 도로를 차별 없이 안전하고 편리하게 이용하여 이동할 수 있는 권리, 장애물 없는 생활환경 인증에 관한 규칙 제2조(인증 대상) 등을 들 수 있다. 국내 기업 가운데 카카오는 2022년 7월에 '인권과 기술윤리팀'을 신설하여 국내외 인권경영 정책을 분석하고 인권친화적 활동을 시작했다.

63 예를 들어, 카카오사의 경우 저시력 장애인을 위한 카카오톡 고대비 테마 제작, 카카오톡 기본 이모티콘 대체 텍스트 적용 등의 지속적인 접근성 검증을 진행하고 있다.

요하다. 이것은 근로자나 공급업체 등의 동기부여 향상, 생산 시
스템의 투명화를 통한 생산성 향상, 포괄적 참여로 일하는 방식을
개혁하는 방법 등으로 혁신과 집중력을 높이는 것을 통해 노동 생
산성을 향상시킬 수 있다. 즉, 공급업체 고객 등에 대한 인권고려,
거래처 내부의 인권침해 방지, 공급업체 근로자에 대한 자사 직원
의 괴롭힘 방지 등은 결과적으로 기업의 생산성을 높인다.

나아가 인권에 대한 기업의 대처가 생산 시스템이나 거버넌스
의 재검토에 의해 투명성 강화나 효율화로 이어져 자사나 공급업
체의 생산성을 향상시킬 수 있다.

③ 주식 등 가치의 상승

ESG 투자가 증가함에 따라 인권문제에 적극적으로 대처하는
기업에 투자가 집중되고 있으며, 2018년에는 세계 전체 ESG 운용
자산 잔액이 30조 6000억 달러에 이어 지난 2020년에는 35조 달
러였고, 2025년에는 50조 달러를 넘어설 것으로 전망하고 있다.
이와 같이 ESG 투자의 경우 지금까지는 환경(E) 분야가 중시되어
왔지만, 사회(S)의 관점을 중시하는 움직임이 나타나고 있으며,
이 중에서도 세계 ESG 투자를 선도해 온 유엔의 책임투자원칙의
역할에 대해 주목하고 있다.

특히 2020년 COVID-19 팬더믹 시기에 투자 항목에 인권 등의
요소를 고려한 투자행동은 ESG 투자발전의 중요한 단계로 규정
하고, 유엔 책임투자원칙에 서명한 기관투자자에 대해 연차보고

에서 인권지침, 인권실사, 구제 접근에 관한 내용을 포함하고 있다. 이후 ESG 평가기관에서도 인권과 관련된 기준을 지표 항목에 포함하기 시작했으며, 기업의 인권에 대한 대응 강화로 자본시장이나 금융시장에서 기업평가 향상에 큰 영향을 미치기 시작했다고 볼 수 있다.

2) 인권침해 대처의 부정적인 영향

인권에 관한 대처에 국제적인 관심이 고조됨에 따라 기업활동에 미치는 영향도 확대되고 있다. 기업의 인권에 관한 선진적인 대처는 매출 증가, 주가 상승, 채용 경쟁력 강화 등으로 이어져 결과적으로 기업의 이익 증가에 영향을 미친다. 이와 반대로 인권에 관한 대처가 미흡하거나 불충분한 경우 거래 정지, 불매운동에 의한 이익 감소, 주가 하락, 벌금 발생 등 기업의 큰 손실로 이어지기도 한다. 인권에 관한 대처는 기업활동에 영향을 미치고 그것이 기회나 위험요인으로 이어지므로 이러한 영향을 적절히 이해하고 검토하는 것이 필요하다. 기업은 인권존중을 실현하고, 나아가 경영자의 이해를 바탕한 인권을 고려하여 기업활동을 위해 조직체제를 정비해야 한다.

① 나이키사(Nike, Inc.)

나이키사는 완전한 외부 위탁생산을 한 최초의 제조 기업인데 1980년대 초반 우리나라와 대만으로 이전했다. 그러나 생산비용이 증가하면서 우리나라와 대만의 공급업체에서 아시아의 다른 지역에 공장을 설립하도록 했다. 그 결과 1990년대까지 해외 위탁생산으로 아시아 지역에 2만 4천 명이 넘는 근로자를 고용하고, 600만 켤레가 넘는 신발을 공급하게 되었다.

그러나 그 이면에는 인도네시아, 파키스탄, 베트남 등 위탁업체 공장에서 저임금, 열악한 노동조건, 유해 화학물질을 함유한 접착제 사용 등의 문제가 발생하였다. 이에 미국 내에서 노동조합, 학생, 소비자를 중심으로 세계적인 캠페인이 시작되면서 나이키사의 평판과 주가가 하락했다.

이러한 문제에 대해 나이키사는 "현재 발생한 문제는 당사와 무관하다. 그들은 우리 공장도 아니고, 자본 관계도 없으며, 당사는 단지 공장에서 제품을 사고 있을 뿐이다"라고 하였다. 물론 이러한 대처는 법적 의미에서는 잘못이 없지만, 회사의 미흡한 대처에 대해 실제적으로 미국 사회로부터의 비판이 그치지 않았다.

나이키사의 사례는 전 세계에 복잡하게 얽혀 있는 공급망상의 인권문제를 글로벌 기업에서 관리할 필요성, 특히 취약한 규제밖에 없는 구조에서 글로법 기업이 근로자에 대해 어떤 책임을 져야 하는지에 대한 문제가 제기된 최초의 사례라고 평가된다.

② 유니온 카바이드사(Union Carbide, Co.)

1984년 12월 인도 보팔에 있는 유니온 카바이드(UC)사의 자회사인 유니온 카바이드 인디아 리미티드(Union Carbide India

Limited: UCIL)사의 제초제 공장에서 대량의 메틸이소시아네이트 (Methyl Isocyanate) 가스[64]가 유출되어 사상 최대 사망자로 이어지는 산업재해가 발생했다.[65]

이 사건과 관련하여 사고가 발생한 곳이 법적으로는 유니온 카바이드사의 자회사인 UCIL사였지만, 유니온 카바이드사는 모회사로서 UCIL사의 50%의 주식을 보유하고 UCIL사 설립 전의 공장 설계에 관여하였다. 그리고 참사 직후 유니온 카바이드사는 가스 누출에 대한 책임을 UCIL에 전가하였고, 공장은 인도 자회사 (UCIL)에 의해 건설되고 운영되었다고 주장하였다.

그러나 이러한 주장은 엄청난 비난을 받게 되었다. 그리고 인도뿐만 아니라 미국에서도 유니온 카바이드사 및 UCIL사에 대한 소송이 제기되었다. 미국 법원은 유니온 카바이드사와 UCIL사는 독립적이고 대등한 당사자 관계라는 점, 설계에 대해서는 모회사가 최초 설계에 대한 책임을 지더라도 UCIL사의 기술자가 많은 변경을 가한 점 등을 이유로 피해자들의 청구를 인정하지 않았다. 본 사건의 기업활동과 인권의 관점에서 결정적인 쟁점은 모회사와 자회사라는 법인격을 넘어선 법적 책임을 추궁할 수 없다는 점

---

64 메틸이소시아네이트는 유기 화합물로 카바메이트계 살충제의 중간물질이며, 고무와 접착제 생산에 이용된다. 무색이며 자극성이 있는 냄새를 가진 가연성·맹독성 액체이다.

65 누출된 화학물질로 인한 사망자는 1만 5000여 명이며, 약 60여만 명이 노출되어 부상을 입었다.

이었다.

③ 로열더치쉘사(Royal Dutch Shell, Co.)

나이지리아는 세계 최대 산유국 중 하나인데, 1970년대에 석유 산업을 국유화하고 현지에 자회사를 설립해 운영하는 외국회사 와 합작사업을 진행하였다. 그러나 사업이 이루어지고 있는 나이 지리아의 모든 주에서 생산되는 석유 수입의 비율이 낮았고, 석유 산업은 자본집약형의 산업이기 때문에 현지에서 거의 고용을 충 족하지 못하는 특징이 있다.

한편 로열더치쉘사는 1970년대부터 나이지리아 정부와의 합 작사업으로 50만 명의 오고니족이 거주하는 오고니 랜드에서 석 유를 채굴하고 있었다. 로열더치쉘사는 해당 합작사업을 통해 사 업을 위한 법적 인가(認可)는 취득했지만, 채굴사업으로 불이익 을 받게 되는 지역사회로부터의 사회적 인가(認可)를 얻기 위한 노력을 게을리하였다. 석유채굴사업은 오고니 지역에 심각한 환 경오염과 농·어업의 위기를 초래하였기 때문에 해당 합작사업으 로 인한 이익이 발생하지 않았다. 그리고 지역주민들의 저항운동 과 이를 억압하고자 하는 정부와의 사이에서 대립 상황이 초래·격 화되었다.

로열더치쉘사는 지역주민의 시설에 투자하는 등 긴장을 완화 하려는 시도를 했지만, 지역사회의 실태에 부합하지 않아 오히려 문제를 악화시켰다. 그 이후 1993년에는 오고니 지역 인구의 과

반수가 넘는 30만 명이 거리시위를 벌이게 되는 등 결국 회사는 오고니 지역에서의 사업을 중단할 수밖에 없게 되었다.

1993년 로열더치쉘사가 사업을 중단한 후 나이지리아 정부는 오고니족에 대한 대규모 탄압을 시작하였는데, 마을은 불타고 여성들은 강간당하였으며, 1995년까지 약 2,000명이 정부군에 의해 살해되었다. 이후 나이지리아 정부는 오고니족 지도자와 폭도를 체포하고 특별군사법정에서 교수형의 유죄 판결을 내렸다. 이에 형집행 저지를 위한 글로벌 캠페인이 시작되었으며, 나아가 로열더치쉘사에 대한 국제적 비판은 더욱 높아지게 되었다. 또한 사형을 집행받은 지도자의 유족 등으로부터 로열더치쉘사는 미국에서 민사소송을 제기받는 등의 사태에 직면하게 되었다.

이 사례는 기업이 사회적 인가를 방치하여 초래한 문제의 전형적인 경우이다. 기업이 사회적 인가를 얻어서 유지하는 것에 실패함으로써 지역사회에서 시위가 발생하고, 기업은 그 시위로부터 재산을 지키기 위해 혹은 지역사회를 복종시키기 위해 정부나 민간 경비에 의존하여 불법적인 무력행사나 다른 형태의 강제 조치를 취하게 되었다. 이러한 경우 기업은 정부를 포함한 다른 당사자에 의한 인권침해에 기여하여 공범관계가 있는지, 해당 정부 등에 대해 영향력을 행사했는지 여부와 같은 문제가 제기되었다.

2. 기업활동과 국제인권의 확대

기업은 일자리를 창출하고 사회에 풍요로운 재화와 활력을 이끄는 데 큰 역할을 하고 있다. 기업의 활동은 사회의 다양한 부분에 관여하고 있으며, 기업 없이는 현재 우리의 일상생활이 더 이상 원활하게 이루어질 수 없다고 해도 과언이 아니다. 반면, 지금까지 장시간 노동에 의한 과로사, 성희롱, 부당한 차별 등 기업과 관련된 다양한 인권문제는 미디어 등의 발달과 함께 기업의 가치에 큰 영향을 미치게 되었다. 따라서 인류의 보편적이면서 고유의 권리인 인권의 관점에서 기업활동을 재검토하려는 움직임이 국내외에서 높아지고 있다. 기업이 인권을 존중하는 것은 특히 다국적기업의 비윤리적인 활동으로 인해 인권이 침해된다는 국제사회의 반성으로부터 시작되었다. 나아가 국제사회에서 기업이 인권을 존중하여 사회적 책임을 완수하고자 한다는 인식이 확산되고 있다.

그리고 기업의 사회적 책임이나 투자에 대한 관심의 고조와 더불어 인권존중을 기업지침에 적극적으로 채택하는 기업도 증가하고 있다. 기업의 인권보호를 위한 지침은 기업 내부의 관계자에 대한 것과 거래처·고객·소비자 등 외부의 관계자에 대한 것이 있다. 또한 기업지침에 대해 국제적으로 규정되어 표준화된 기준을 지킴으로써 인권을 보호하고자 노력하고 있다.

(1) 유엔 글로벌 콤팩트(UNGC)

1999년에 제정된 유엔 글로벌 콤팩트(United Nations Global Compact)는[66] 기업이 지켜야 할 인권, 노동, 환경, 부패 방지 등에 관한 10대 원칙을 규정한 것이다. 즉, 기업은 국제적으로 선언된 인권보호를 지지하고 존중해야 하며, 인권침해가 일어나지 않도록 적극적인 노력을 하도록 규정하고 있다. 이는 기업이 준수해야 하는 공적 책임으로 볼 수 있으며, 여기에는 약 160개국 이상의 12,000개 기업과 단체가 참가하고 있다.[67]

(2) 국제표준화기구(ISO)

2010년 국제표준화기구(International Organization for Standardization)에 의해 ISO 26000(Guidance on social responsibility)이 제정·공표되었다.[68] ISO 26000은 기업의 사

---

66 유엔 글로벌 콤팩트는 기업들이 인권, 노동, 환경 등 기업의 전략과 운영 활동을 내재화하고 기업들이 지속가능한 발전 목표(SDGs)와 같은 유엔 차원의 협력과 혁신을 통해 이행하도록 지원하고 있다.

67 국내에서는 핀테크 기업 중 카카오페이가 최초로 가입했으며 지속적인 활동을 이어 가고 있다.

68 ISO가 추진하고 있는 사회적 책임에 대한 국제표준안으로, 세계적인 빈곤과 불평등, 경제 성장에 따른 환경 위기 등 지속 가능성에 관한 새로운 전환이 요구되면서 2005년부터 5년에 걸쳐 개발되었다. 소비자, 정부, 기

회적 책임에 관하여 투명성, 책임, 이해관계자의 이익 존중, 윤리적 행동, 법치주의 존중, 국제적인 행동규범 존중, 인권존중 등을 목표로 하고 있다. 특히 인권존중과 관련하여서는 인권의 시민적·정치적 권리, 노동 및 교육 등 사회보장의 권리와 같은 경제적·사회적·문화적 권리를 규정하고 있으며, 모든 단체의 사회적 책임에 관한 최초의 국제표준으로 전 세계에서 활용되고 있다.

(3) 유엔 기업과 인권에 관한 이행원칙

2011년에는 유엔 기업과 인권에 관한 이행원칙(UN Guiding Principles on Business and Human Rights)이 제정되었다. 동 원칙은 기업의 인권책임을 구체화하고 있는 OECD 다국적기업 가이드라인 2011(OECD Guidelines for Multinational Enterprises 2011)[69]을 집대성한 것이며, 다음과 같은 인식에 근거하고 있다.

업, 노동, NGO 및 기타 등 다자간 이해관계자 접근방식으로 90여 개국 이상의 전문가가 참여하였다.

69 OECD 다국적기업 가이드라인 2011. II. 일반 정책 A. 기업은 다음 사항을 이행하여야 한다.
    1. 지속 가능한 개발을 달성하기 위해 경제적, 사회적, 환경적 발전에 기여한다.
    2. 자신들의 기업활동으로 영향을 받는 사람들의 국제적으로 인정되는 인권을 존중한다.

우선 인권과 기본적 자유를 존중하고 보호하며, 국가가 충족해야 하는 기존 의무와 적용 가능한 모든 법령의 준수와 인권존중이 요구되는 전문적인 기능을 하는 전문화된 사회 기관으로서의 기업의 역할, 그리고 권리와 의무가 침해되고 위반이 된 경우에 적절하고 실효적인 구제가 필요하다는 점을 내용으로 한다.

이러한 이행원칙은 모든 국가와 기업에 대해 규모, 업종, 소재지, 소유자 및 조직구조와 관계없이 적용되며 기업활동에 있어서 인권존중의 지침으로 모든 국가의 인권에 관한 대처나 행동에 영

---

3. 기업단체를 포함한 지역공동체와의 긴밀한 협력을 통해 현지의 역량을 강화하면서 국내 및 해외 시장에서의 건전한 상관행의 필요성에 부합하는 기업활동이 개발되도록 장려한다.

4. 특히 고용기회를 창출하고 근로자의 훈련 기회를 활성화하여 인적자원개발을 장려한다.

5. 인권, 환경, 보건, 안전, 노동, 조세, 금융 인센티브, 기타 현안과 관련된 법적, 제도적 기본 틀에서 고려되지 않은 면제를 추구하거나 수용하지 않는다.

6. 모범 기업지배구조 원칙을 지지 및 준수하며, 전사적으로 모범 기업지배구조 관행을 개발 및 적용한다.

7. 기업과 당해 기업이 활동하는 사회 간 상호 신뢰관계 구축을 위하여 효과적 자율규제 관행 및 관리 체계를 개발 및 적용한다.

8. 훈련 프로그램 등을 통한 기업정책의 적절한 전파를 통해 다국적기업 근로자의 기업정책 인식 및 준수 수준을 제고한다.

9. 법률, 본 가이드라인, 또는 기업정책에 반하는 관행에 대해서 근로자의 선의에 따라 이를 경영진 또는 관련 당국에 보고한 경우 해당 근로자에 대한 차별적 또는 징계적 조치를 취하지 않는다.

향을 주고 있다. 또한 유엔 기업과 인권에 관한 이행원칙은 인권을 보호하는 국가의 의무와 인권을 존중하는 기업의 책임 그리고 구제에 대한 접근을 규정하고 있다.

이행원칙에서 중요한 것은 인권침해 해결을 위해 정부와 기업은 서로 다르지만, 상호 보완하는 역할을 명시했다는 점이다. 즉, 정부에 대해서는 인권을 보호할 의무가 있음을 재확인하는 동시에 기업에 대해서는 정부의 의무 이행 여부를 불문하고 인권을 존중할 책임이 있음을 분명히 한 것이다.

3. 인권경영의 국가별 차이

(1) 기업활동의 국가별 차이

인권문제에 있어서 종래 다국적기업의 기업활동을 실효적으로 규제하는 제도는 존재하지 않았다. 따라서 기업은 국내의 기업활동에 있어서 자국의 국내법을 준수하고 국외에서의 기업활동은 해당 국가의 국내법을 준수하면 되는 것이었다. 그 결과, 다국적 기업이 미치는 영향과 범위 그리고 그로부터 발생되는 유해한 결과를 관리하는 사회의 능력 사이에 국가별 차이가 존재한다.[70] 그

---

70 특히, 기업활동과 관련해 인권침해 발생률과 심각도가 높은 것은 수입국이 국제인권 관련 조약을 비준하고 있지 않거나 비준하고 있어도 현지에

러나 기업활동은 투자와 일자리 창출의 주요한 원천이고, 시장은 자원을 배분하기 위한 효율적인 수단이며, 기업과 시장의 발전으로 경제 성장을 가져오고 빈곤을 줄이며 그 과정에서 법치주의를 준수해야 한다. 따라서 기업은 사회에서 존중받도록 인권의 보호 수준을 높여 가야 한다.

한편 기업이나 시장이 인권보호 기능을 하기 위해서는 유해한 영향에 대처하거나 시장이 충분히 제공할 수 없는 공공재가 제공될 수 있도록 하여야 한다. 즉, 거버넌스 차이를 보완하는 것이 거버넌스와 인권의 관점에서 검토해야 할 과제라고 볼 수 있다.[71] 무엇보다 거버넌스의 차이가 생기는 것은 국가 주권의 관점에서는 발생할 수밖에 없는 부분이고 국가가 영역 내에서 법이나 제도를 제공하면서 국외 기업활동에 대해 기업에 국내법 제도를 준수하도록 요구하지 않는다. 또한 국가 주권을 침해하지 않는 수단으로 국제법과 각종 국제인권조약도 존재하고 있지만, 국제조약에 대해서 기업은 국제법상 의무를 지는 주체가 아니다. 따라서 기업을 직접 구속하지 않거나 조약이나 의정서를 비준한 국가 이외에는 제한이 적용되지 않는 등의 한계가 존재하고 있기 때문에 거버넌스의 문제가 지속적으로 나타난다.

서의 법이 존재하지 않는 경우 혹은 통치가 약한 나라에서 법이 제대로 집행되고 있지 않은 경우 등 부정적 의미에서의 연관성이 존재한다.

71 이러한 관점에서 거버넌스의 주체로서 정부의 역할과 기업의 역할이 더욱 중요해지고 있다.

(2) 인권침해 문제에 대한 기업의 접근

1) 자발적 접근

기업의 세계화에 따라 상대적으로 소홀한 인권침해 문제는 기업에 대한 국제적 비판이나 국내외적 소송을 야기하나 역설적으로 그러한 사건들은 기업의 자발적 접근을 추진하는 원동력이 되기도 한다. 자발적 접근의 대표적인 행동규범으로는 1977년 발표된 남아프리카공화국에서 활동하는 미국 기업에 인종차별 철폐와 공정한 노동조건을 요구하는 '설리번 원칙(Sullivan Principles)'과 1990년대 초에 발표된 '다중 이해관계자 이니셔티브(Multi Stakeholder Initiatives)'가 있다.

인권침해 문제 해결을 위해 자발적인 접근을 한 대표적인 단체에는 의류산업의 일정한 고급 브랜드 유지를 위해 공급업체의 공장 상황을 감시하고 개선을 위한 공정노동협회와 사회적 책임 국제연대를 들 수 있다. 이들 단체는 국제노동기구, 유엔 아동권리협약, 세계인권선언 등을 바탕으로 설립되었다. 또한 근로자의 인권보호에 대한 감사 기준인 국제규격(SA8000)[72]과 제품이 일정한 사회적·환경적 기준에 부합하게 제조·재배되었음을 보증하는 국제공정무역기구(Fairtrade International)[73] 등이 있다.

---

72 국제규격(SA8000)은 조직이 직원을 비롯한 사회적 책임에 대한 약속을 포함하여 사회적 기업 관행에 대한 요구사항을 정의하는 국제표준이다.

73 국제공정무역기구는 생산, 수입, 제조, 유통의 전 과정에서 공정무역

2000년대 초에는 다이아몬드에 대해 분쟁 대상의 다이아몬드가 아님을 증명하기 위한 국제인증제도인 킴벌리 프로세스(Kimberley Process Certification Scheme)[74] 등의 공공-민간 공동 이니셔티브(Initiative)도 등장했다. 유엔이 2000년에 시작한 글로벌 컴팩트(United Nations Global Compact)도 공공-민간 공동 이니셔티브의 예에 해당한다. 이러한 기구들은 일정한 원칙을 규정하고, 기업이나 비기업 단체의 자발적인 참여를 요구하며 기업활동에 의해 나타날 수 있는 인권문제를 해결하려는 대응으로 볼 수 있다. 다만 참여와 실시할 내용, 정도가 각 기업의 자발성에 맡겨져 있기 때문에 인권침해의 방지와 예방보다는 기업활동에 관한

기준을 모두 준수하고, 독립적인 외부 기관의 감사와 모니터링을 통하여 국제적인 투명성이 보장된 제품을 인증하고 있다. 이를 통해 소비자들은 윤리성, 안전성, 신뢰성을 담보 받고 있으며 제3세계 농민과 가족들의 지속 가능한 삶을 지원하고 있다.

74 세계에서 무장 세력에 의한 분쟁이 각지에서 일어나고 있으며 이러한 분쟁지역에서 다이아몬드 등의 보석류는 무기 구입에 충당되기 때문에 내전이 장기화되거나 원산국에서 많은 사람이 다이아몬드 채굴 현장 등에서 노예 노동을 하게 되는 일이 발생해 세계적인 문제가 되었다. 이러한 문제를 예방하기 위해 2000년 남아프리카의 킴벌리에서는 분쟁지역에서 채굴되어 무장 세력의 자금원이 되는 분쟁다이아몬드를 엄격히 규제하고 그 자금원을 차단하는 것을 목적으로 킴벌리 프로세스를 제정했다. 그 후 2003년에는 수출입되는 다이아몬드 원석에 원산지 증명을 의무화하는 인증 제도가 시행되었으며 세계에서 생산되는 다이아몬드의 약 99%가 킴벌리 프로세스 인증을 받고 있다.

기회나 기업이미지 전략에 이용되는 것이 아닌가 하는 의문과 그 실효성에 회의적인 주장도 제기된다.

2) 강제적 접근

인권침해 문제에 대한 기업의 대처와 관련된 강제적 접근으로는 유엔 인권소위원회가 2003년에 제출한 '인권에 관한 다국적기업 및 기타 기업의 책임에 관한 규범(Norms on the responsibilities of transnational corporations and other business enterprises with regard to human rights)'을 들 수 있다. 이는 국제법상의 의무를 직접 기업에 부과하려는 것이지만 동 규범의 문제점은 국제인권법상 국가 인권보호 의무와 기업 인권보호 의무의 내용이 동일하다는 점이다. 다만 차이점은 국가가 포괄적이며 1차적인 인권보호 의무를 가지고, 기업은 영향력을 미치는 범위에서 2차적인 인권보호 의무를 가진다는 점이다.

한편 국가와 기업이 같은 내용의 의무를 진다는 것이 과연 타당한지, 국가와 달리 기업은 어디까지나 경제적 기능을 다하기 위해 존재함에도 국가에 부과되는 제한이나 적극적 의무까지 떠맡도록 하는 것은 기업의 자율성을 침해할 가능성이 있다.

기업활동과 인권경영의 원칙

1. 인권보호를 위한 국가의 책무

(1) 기본 원칙

국가는 영역 및 관할 내에서 발생한 기업을 포함한 제3자에 의한 인권침해로부터 국민을 보호하여야 한다. 그러기 위해 국가는 실효적인 정책, 입법 규제, 사법적 판단을 통해 인권침해를 예방·조사·처벌·구제하기 위한 적절한 수단을 마련해야 한다. 이것은 국제인권법상 국가가 영역 및 관할 내 개인의 인권을 존중, 보호 및 실현하는 것으로 기업을 포함한 제3자에 의한 인권침해에 대하여 보호할 의무를 지닌다. 다만 국가가 보호할 의무는 행위기준으로 사인에 의한 인권침해에 책임 자체를 지는 것은 아니다.

그러나 해당 인권침해를 국가에 귀속시킬 수 있는 경우 또는 사인에 의한 인권침해를 예방·조사·처벌·구제가 이루어지도록 적절한 조치를 취하지 않았을 경우 국가는 국제인권법상 의무를 위반할 수 있다. 국가는 통상 이러한 조치의 결정에 대하여 재량을 가지고 있지만, 국가는 정책과 입법 및 규제 등을 포함한 모든 종류의 방지조치 및 구제조치를 검토할 필요가 있다. 나아가 국가는 법 적용에 있어서 평등과 공정을 확보하기 위한 수단을 취하고 적절한 설명을 할 책임과 법적 확실성 및 법적 투명성을 제공하는 것을 포함하여 법치를 보호하고 촉진할 의무를 진다. 또한 국가는 영역 및 관할 내에 거점을 둔 모든 기업이 기업활동 중 인권을 존중할 것을 기대한다는 점을 명확히 표명해야 한다.

현재 국가는 국제인권법하에서 일반적으로 영역 및 관할 내에 본거지를 둔 기업의 역외활동을 규제하지 않지만, 일부의 인권조약기관은 본국 관할 내에 있는 기업의 해외 인권침해를 방지하기 위한 조치를 취할 것을 권장하고 있다. 특히, 국가가 기업에 관여하거나 지원하는 경우 본국에는 해당 기업이 해외에서 인권을 존중하는 것에 대한 명확한 기대를 규정하는 것이 필요하다. 여기에는 일관된 명확한 메시지를 제공함으로써 기업의 예측 가능성을 확보하고 자국의 평판을 잘 유지하는 것이 포함된다.

국가는 이와 관련해 다양한 접근법을 채택해 왔으며 접근법에는 역외적 의미를 갖는 국내적 수단이 있다. 예를 들면, 기업 전체의 글로벌 활동에 관련된 회사의 보고의무, 경제협력개발기구의 다국적기업 지침(Guidelines for Multinational Enterprises)과 같은 다자간 연성규범(Soft Law)[75] 및 해외 투자를 지원하는 기관이

---

75 연성규범은 기준, 원칙, 규정의 집합체이며 민간기관에 의해 제정되어 구속력이 국가의 제재에 의해 직접적으로 뒷받침되지는 않지만 일정한 정도의 구속력이 있다.

요구하는 기준을 포함한다.

그 밖의 접근법에는 직접적인 역외입법 및 집행에 상당하는 것이 있으며, 여기에는 침해 발생지에 관계없이 피의자 국적에 따른 기소를 허용하는 형사법제가 포함된다.

(2) 운용상의 원칙

일반적인 국가의 규제 및 정책 기능으로 인권보호 의무를 다하기 위해서 첫째, 기업에 인권존중을 의무화하거나 효과가 있는 법률을 시행하고 정기적으로 그 법률의 타당성을 심사해야 하며, 이견이 있는 경우에는 조정을 하는 것이 필요하다. 둘째, 회사의 설립이나 활동을 규율하는 회사법과 이외의 법률이나 정책으로써 기업에 인권존중을 강요하는 것이 아니라 자연스럽게 인권을 존중하도록 유도하는 것이 필요하다. 셋째, 기업활동에서 인권을 존중하는 방법과 실효적인 지도를 실시해야 한다. 마지막으로 인권에 대한 악영향을 미치는 것에 기업이 대처하는 방법을 정하도록 장려하고 의무화하는 것을 고려해야 한다.

결국 국가는 기업이 항상 국가의 부작위를 선호하거나 이를 통해 이익을 추구한다고 상정해서는 안 되며, 기업의 인권존중을 촉진하기 위해 국내적·국제적, 자발적·강제적이라는 수단을 적절히 혼합하여 사용해야 한다. 그리고 기업의 인권존중을 직·간접적으로 규제하는 기존의 법 집행을 게을리하면 국가가 실행하는 법과의 간극이 발생할 수 있으므로 주의할 필요가 있다.

국가가 인권보호를 위해 실행할 수 있는 법은 차별금지법부터 노동법, 환경법, 재산법, 부패방지법까지 다양할 수 있다. 따라서 국가는 해당 법이 현재 실효적으로 집행되고 있는지, 그렇지 못한 경우에는 왜 그런지, 어떤 수단이 상황을 합리적으로 시정할 수 있는지 등을 검토하는 것이 필요하다. 또한 이러한 법이 변화하는 상황에 비추어 필요한 범위를 포함하고 있는지 및 이들 법이 관련 정책과 함께 기업의 인권존중에 적합한 환경을 제공할 수 있는지를 검토해야 한다. 왜냐하면 회사법이나 증권법과 같은 기업의 설치와 운영을 규정하는 법과 정책은 기업행동을 직접 규정하기 때문이다.

다만 이러한 법에 인권보호의 의무가 충분히 반영되지 않은 경우 예를 들면, 인권에 대해서 기업이나 임원에게 무엇이 허용되고 요구되는지에 대해 회사법에서 명확성이 결여되어 있다. 따라서 이 분야의 법과 정책은 회사의 이사회와 같은 기존 통치기구의 역할도 배려하면서 기업이 인권을 존중할 수 있도록 충분한 지침을 제공하도록 노력해야 한다.

그리고 인권존중에 대한 기업지침에서 기대되는 결과를 제시하고 모범사례를 보여 주면서 여성, 민족적·종족적 소수자, 종교적·언어적 소수자, 어린이, 장애인, 이주근로자와 그 가족 등이 직면할 수 있는 구체적인 과제를 이해하고 적절한 방법을 제시하는 것이 필요하다. 대표적인 예로 파리원칙(Paris Principles)[76]을 들 수 있는데, 파리원칙은 국가의 인권의무에 따라 관련 법률이 실효적으로 실행되고 있는지를 국가에서 파악하고 국내 인권기관을 지원하며 기업에 대해서도 인권에 관한 지침을 제공하는 데 중요한 역할을 하고 있다.

(3) 국가의 기업인권 관리

국가는 국제인권법의 1차적 의무주체이자 총체로서 국제인권체제의 수탁자이다. 따라서 국가는 국영기업이나 수출신용기관, 정부투자 보험·보증기관과 같은 국가기관의 지원이나 서비스를 받고 있는 기업의 인권침해를 감독하고 적절한 경우에 인권실사를 포함한 추가적인 조치를 취해야 한다. 기업이 국가의 지배를 받거나 기업행위가 국가에 의해 기인하는 경우, 해당 기업에 의한 인권침해는 국가의 국제법 의무위반이 될 수 있다. 더욱이 기업이

---

76 파리원칙은 국내인권기구의 지위와 권고적 역할에 관한 표준과 국내인권기구의 개념을 명확히 나타내고 있다. 따라서 국가는 인권보호를 위한 입법 또는 행정 규정 및 사법 기관과 관련된 규정, 이와 관련하여 법안 및 제안뿐만 아니라 현행 법률 및 행정 규정을 검토하고, 이러한 규정이 인권의 기본 원칙에 부합하도록 해야 하며, 필요한 경우 새로운 법률의 채택, 현행 법률의 개정, 행정 조치의 채택 또는 개정, 유엔 및 인권보호 및 증진 분야에 권한이 있는 기타 국가의 기관과 협력해야 한다. 또한 인권에 대한 교육 및 연구를 위한 프로그램의 수립을 지원해야 한다.

공적목적이거나 법적권한이나 납세자 지원에 의존할수록 인권존중을 확보해야 할 국가의 정책적 합리성이 더욱 필요하다.

한편 국가가 기업을 소유하거나 지배하고 있는 경우에 국가는 기업의 인권존중에 관한 정책, 입법 및 규제의 실현을 확보하기 위한 최대의 수단을 가지고 있다. 통상 관리직은 국가기관에 보고하고, 정부 관련 부처는 실효적인 인권 확보를 위해 보다 광범위하게 감시·감독을 실시하기 때문이다. 그리고 국가와 공식적 또는 비공식적 연관성을 가진 다양한 기관이 기업에 지원이나 서비스를 제공하는 경우가 있다. 여기에는 공적 수출신용기관,[77] 보증기관, 개발기관 및 개발금융기관[78] 등이 포함된다. 이러한 기관에서 수인자인 기업에 의한 인권의 부정적 영향을 명시적으로 고려하지 않을 경우에 문제가 된다. 해당 기관이 인권침해를 지원하는 경우 또는 인권침해를 방조하는 경우에는 해당 기관의 평판, 재정적, 정치적 및 잠재적으로 법적인 관점에서 위험을 떠안게 되는 것이다.

이러한 위험요인을 감안하여 국가는 해당 기관뿐만 아니라 지원을 받는 기업 등에 인권실사를 장려하고, 또한 필요에 따라 인

---

77 공적 수출신용기관은 국내 기업의 상품 및 서비스의 국제 수출 촉진을 지원하기 위해 정부를 대신하여 운영되는 공공기관 또는 민간 기업을 말한다.

78 개발금융기관은 대형 인프라 개발사업에 민간투자자가 들어올 수 있도록 저리(低利)로 금융을 제공하는 기관이다.

권침해 방지를 요구해야 한다. 인권실사의 요구는 기업운영의 성질이나 관리의 관점에서 인권에 대한 현저한 위험이 발생하는 경우에 특히 적절하다고 볼 수 있다.

한편 국가는 인권 향유에 영향을 미칠 수 있는 서비스 제공을 위해 기업과 계약을 체결하거나 법률을 제정할 경우, 국제적 인권 보장 의무를 다하기 위해 적절한 감독을 실행해야 한다. 이는 국가가 인권 향유에 영향을 줄 수 있는 역무의 제공을 민영화한 경우에도 국제인권법상의 의무를 부담하는 것이기 때문이다. 따라서 국가는 필요한 수단으로써 역무 제공 계약이나 입법을 통해 기업의 인권존중에 대한 국가의 기대를 명확히 나타내야 한다. 예를 들면, 국가는 적절한 독립적인 모니터링 및 설명책임을 다하는 제도를 만들어 국가가 실효적으로 해당 기업의 활동을 감독할 수 있도록 해야 한다.

2. 인권보호를 위한 기업의 책무

(1) 기본 원칙

기업은 인권을 존중해야 한다. 이는 기업이 인권침해를 하지 않고 기업이 관여한 일에 있어 인권에 악영향을 미치는 것까지 대처하는 것을 의미한다. 인권을 존중하는 기업의 책임은 사업을 행하는 지역에 상관없이 모든 기업에 요구되는 국제적인 행동 기준이다. 기업의 인권존중 책임은 국가가 인권의무를 다하는 능력 또는 의사와는 독립하여 존재하며 국가의 인권 의무를 경감하는 것이 아니다. 해당 책임은 인권을 보호하는 국내법과 규칙 준수를 초월하는 것으로써 국가의 의무보다 상위에 있다. 따라서 인권에 악영향을 주는 것에 대해 기업은 예방, 경감하고 적절한 조치를 해야 한다. 기업은 사법 프로세스의 완전성을 약하게 할 우려가 있는 행동을 포함하여, 국가의 인권 의무를 다할 능력을 손상해서는 안 된다.

그리고 인권을 존중하는 기업의 책임은 국제적으로 승인된 인권에 근거하고 있지만, 이것은 국제인권헌장이나 노동에서 기본적 원칙 및 권리에 관한 국제노동기구(ILO) 선언에 규정된 기본권 권리에 관한 원칙 등에 투영되어져 있는 인권이라고 볼 수 있다. 따라서 기업은 국제적으로 인식된 인권의 모든 범위에 영향을 미칠 수 있기 때문에, 인권존중 의무는 모든 권리에 적용하여야 한다.

실제로는 특정의 산업 또는 상황하에서 일부의 인권은 다른 것보다 더 큰 위험에 노출되어 있기 때문에 보다 높은 주의가 필요하다. 그리고 무엇보다 상황은 변화하기 때문에 모든 인권이 정기적인 검토의 대상이 되어야 한다. 또한 국제인권헌장이나 국제노동기구(ILO) 선언에 노동에서의 기본적 원칙 및 권리에 관한 내용이 포함되어 있는 만큼 기업의 인권영향을 다른 사회적 관계자가 평가할 때 참조가 된다.

한편 기업의 인권존중 책임은 국내법의 규정에 의해 주로 정의된 법적 책임 및 집행에 관한 사항과는 구별된다. 기업은 상황 변화에 따라 새로운 기준을 고려하는 경우가 있다. 예를 들면, 기업은 특히 주의해야 할 필요가 있는 특정 집단에 속한 개인에 대해 인권침해 등의 악영향이 발생할 수 있으므로 그들의 인권을 존중해야 한다. 특정 집단에는 여성, 민족적 또는 종교적 및 언어적 소수민족, 아동, 장애인 그리고 이주근로자 및 그들의 가족이 포함된다. 나아가 분쟁지역에서 기업은 국제인도법의 기준을 존중해야 한다.

(2) 인권보호를 위한 기업의 지침

기업은 인권존중의 책임을 다하기 위한 기반으로써 기업지침을 표명해야 한다. 이러한 기업지침은 우선 기업의 경영층에서 승인되어야 하며, 내외부의 전문가에 의한 제언과 기업의 근로자, 거래관계자 및 제품이나 서비스에 직접 관계하고 있는 사람에 대한 인권배려의 기대가 명기되어 있어야 한다. 그리고 내외부와 상관없이 모든 근로자, 공동경영·공동출자자 및 기타 관계자가 인권존중을 주지해야 하며, 마지막으로 기업 전체에 정착시키기 위해 기업활동 지침이나 절차에 반영해야 한다.

기업활동 지침은 기업이 책임, 약속, 기대를 공개적으로 표현하기 위해 특정한 수단이 사용된다. 다만, 지침을 적절하게 제공하기 위한 전문성은 사업의 복잡성에 따라 달라진다. 신뢰할 수 있는 온라인이나 문서의 자원에서부터 전문가의 제언까지 다양한 자원에서 전문성을 획득할 수 있다. 그리고 공개적으로 관련 명단을 입수할 수 있어야 하며 기업과 계약 관계에 있는 주체, 기타 사업에 직접 관계하는 사람, 국가의 치안조직, 투자자 그리고 중대한 인권 위험요인을 동반하는 사업의 경우에는 잠재적으로 영향을 받는 기업의 이해관계자에 이르기까지 기업은 인권존중의 지침을 적극적으로 전달해야 한다. 또한 성명이나 지침, 절차 등은 내부적으로 근로자에게 필요한 교육을 통해 관련 업무에 지원해야 한다.

한편 국가는 지침의 일관성을 위해 지속적으로 노력하고 기업도 인권존중 의무와 함께 폭넓은 사업활동을 하는데 관련 지침과 절차를 일관적으로 유지하기 위해 노력해야 한다. 여기에는 근로자에 대한 경제적 이익, 기타 성과 인센티브를 결정하는 지침과 절차, 조달 행동 및 인권의 대상이 되는 활동 등이 포함된다. 나아가 기업의 경영층과 모든 기능에 도달할 때까지 적절한 수단으로 지침을 정착시켜야 한다.

(3) 인권영향 평가와 조치

기업은 인권에 대한 악영향을 예방하고 줄이기 위해 인권에 대한 영향 평가에서 얻은 조사 결과를 직무 부문이나 절차에 반영해 적절한 조치를 취해야 한다. 그러기 위해서는 우선, 인권에 대한 책임을 기업의 적절한 직무 부문에 분담해야 한다. 둘째, 기업 내의 의사결정, 예산 배분, 감독 절차에 실효적인 대응이 가능하도록 하는 것이 필요하다. 셋째, 기업이 인권에 악영향을 야기하거나 조장하고 있는지 또는 거래처에 의한 기업활동과 제품이나 서비스가 인권에 악영향을 직접적으로 주는지 등을 확인해야 한다. 마지막으로 인권에 악영향을 미치는 기업의 영향력과 범위에 대하여 검토해야 한다.

이와 같은 기업의 모든 활동에 기업의 인권침해 평가가 반영되어 있을 때 인권영향 평가의 조사 결과가 정당하게 이해되어 대응할 수 있게 되며 그 효과를 낼 수 있게 된다. 그러기 위해서 기업은 인권영향을 평가할 때 현실적, 잠재적인 악영향을 고려해야 한다. 그리고 기업이 인권에 대한 악영향을 조장하거나 조장할 가능성이 있는 경우에는 조장을 중지 또는 예방하기 위해 필요한 조치를 강구하거나 남은 악영향을 가능한 경감하기 위해 그 영향력을 최대한 행사해야 한다. 영향력은 해당 기업이 인권침해를 발생시키고 있는 주체의 잘못된 행동에 변화를 주는 능력을 가지는 경우에 존재한다. 기업이 인권에 악영향을 조장하고 있지 않은 경우, 동시에 상관없이 해당 악영향이 그 사업, 제품 및 서비스에 대해서 다른 주체와의 거래관계에 의해 직접 관여되는 경우에 상황은 보다 복잡해진다.

이러한 상황에서 적절한 행동을 할 때 고려해야 할 요소는 문제가 되는 해당 기업의 영향력, 침해의 심각함 및 해당 주체와의 관계를 끝냄으로써 인권의 결과에 악영향을 방지하는 것이다. 그리고 상황이나 인권에 대한 영향이 복잡할수록 대처를 결정함에 있어서 기업이 독립된 전문가의 제언을 이용할 필요성은 높아진다. 기업이 악영향을 예방 또는 경감할 영향력을 가지고 있다면 그것을 행사해야만 한다. 그리고 영향력을 가지고 있지 않은 경우에는 기업이 영향력을 확대하는 방법을 검토해야 한다.

이를테면 영향력은 역량의 구축이나 기타 관련하는 주체에 대한 인센티브 부여 또는 다른 관계자와의 협조 등에 의해 증가한다. 다만, 기업에서 악영향을 예방 또는 경감하기 위한 영향력이 부족하거나 영향력을 확대하는 것이 불가능한 상황이 있을 수 있다. 이러한 경우에는 기업은 잠재적으로 인권에 악영향을 미칠 수 있는 평가를 고려해야 한다.

3. 인권침해의 구제 방법과 원칙

(1) 기본 원칙

국가는 기업활동과 관련된 인권침해로부터 보호할 의무로써 사법, 행정, 입법 또는 기타 적절한 수단을 통해 인권침해를 받는 사람들이 실효적인 구제에 접근할 수 있도록 적절한 조치를 취해야 한다. 실효적인 구제 접근에는 절차상 및 실체상의 두 가지 측면을 검토해 볼 수 있다.

인권침해를 구제하는 것은 인권에 초래된 손해를 해소하거나 회복하는 데 그 목적이 있는데 우선 불만처리 매커니즘에 의해 구제되는 것으로 이것은 실질적인 형태를 취하는 것이다. 이를테면 원상회복, 명예회복, 금전적 또는 비금전적 보상 및 징벌적 제재가 있으며 중지명령이나 다시 행위를 하지 않는다는 내용의 보증 등에 의한 손해 방지를 포함한다.

또한 구제를 제공하는 절차는 평등해야 하고 결과에 영향을 미치려는 정치적 또는 그 밖의 다른 시도로부터 자유로워야 한다. 왜냐하면 불만의 원인은 개인 또는 집단의 권리에 부정적 영향을 미치는 것으로 생각될 수 있으며, 그것은 법률, 계약, 명시적 또는 묵시적인 약속, 관습 또는 피해를 입은 지역사회의 일반적인 평등의 관념을 기초로 하기 때문이다.

그리고 불만처리 메커니즘은 사법적·비사법적 절차를 통해 기업활동과 관련된 인권침해에 대한 구제를 요청할 수 있는 것이어야 한다. 따라서 기업활동에서 인권침해 구제에 대한 접근을 확보하기 위해서는 국가가 이러한 불만처리 메커니즘, 접근방법 및 접근을 지원하기 위한 방법 등에 대해 일반의 인식과 이해를 촉진하는 것도 필요하다. 이는 인권침해 방지를 위한 광범위한 제도의 초석이 될 수 있으며, 사업 활동의 범위에 따라 인권침해 방지 제도에 활용하거나 인권침해 문제를 해결할 수 있다.

(2) 사법적 메커니즘

국가는 기업활동과 관련된 인권침해 문제에 대처할 때 사법적 메커니즘의 실효성을 확보하기 위해서는 구제에 대한 접근 거부로 이어질 수 있는 법적, 실제적 및 기타 관련된 장애를 줄이기 위해 적절한 수단을 취해야 한다. 즉, 실효적인 사법적 메커니즘은 인권침해 구제에 대한 접근성을 확보하는 것이 핵심이다.

따라서 국가는 기업활동에 관련된 인권침해가 발생했을 때 구제를 하는 데 사법적 활용이 되지 않거나 실효적인 구제의 대체수단을 이용할 수 없게 되는 상황이 있어서는 안 되며 정당한 사안이 법원에 의해 평가받을 수 있도록 진입 장벽이 설치되지 않도록 해야 한다. 이것은 인권침해 문제를 처리하는 데 공정성, 신뢰성 및 적정절차를 보장하는 것이다. 그리고 국가는 부패로 인해 정의 실현이 방해되어서는 안 되며, 법원이 다른 정부 기관이나 기업 관계자로부터의 경제적 또는 정치적 압력으로부터 자유로워야 하며, 인권 운동가의 정당하고 평화적인 활동이 저해되지 않도록 보장해야 한다. 특히, 기업에서 사업과 관련된 인권침해 문제를 당연히 다뤄야 함에도 불구하고 이를 방해하는 법적 장벽이 있는 경우도 있다.

그 예로 합당한 책임회피를 용이하게 하는 경우, 해당 신청의 내용과 관계없이 신청인이 기업의 사업 활동처 국가에서 재판을 거부하는 경우, 본국의 법원에도 접근할 수 없는 경우, 원주민 및 이주민 등 특정 집단이 널리 시민에게 적용되는 인권의 법적 보호에서 제외되는 경우 등을 들 수 있다. 이를 방지하기 위해서는 국내 형사법 및 민사법상 법적 책임을 기업 그룹의 각 사에서 배분하는 것도 하나의 방법이다.

그리고 다음의 경우에 사법적 구제를 하는데 실제적이고 절차적인 장벽이 발생한다. 첫째, 정부의 지원과 시장원리에 기초하지 않은 소송보험 및 소송 비용의 설정과 다양한 수단을 통해서도 합리적인 수준까지 소송 비용을 인하할 수 없는 경우이다. 둘째, 신청인에게 법적 대리인을 확보하기 어려운 경우이다. 셋째, 집단소송 및 기타 공동소송절차 등을 실시하기에는 선택사항이 불충분하고 그것이 신청인의 실효적인 구제를 저해하는 경우이다. 넷째, 인권 관련 범죄에 대한 개인 및 기업의 관여를 수사하는 데 국가의 의무를 다하기 위한 적절한 자원과 전문성 및 지원이 부족한 경우 등이다.

이러한 장벽은 대부분의 경우 재원의 부족, 정보 및 전문가에 대한 접근의 어려움 등과 같이 인권침해 소송 당사자 간에 종종 나타나는 불균형의 결과이거나 이러한 불균형이 복합된 것이다. 이것은 적극적인 차별에 의한 것인지 또는 사법 메커니즘의 설계나 용도가 당초의 의도와는 다른 결과를 낳기 때문인지를 불문한다. 나아가 사회적으로 취약한 입장에 놓여 있거나 배제될 위험이 높은 집단이나 민족에 속하는 개인이 이러한 메커니즘에 접근·활용하고, 그 혜택을 받는데 문화적, 사회적, 물리적 장벽에 직면하

는 경우가 많다. 따라서 그러한 개인이나 집단의 여러 권리나 구
제 요구에 대해 특별한 배려를 구제의 프로세스, 즉, 접근·절차 및
결과의 각 단계에서 제공해야 한다.

(3) 비사법적 메커니즘

국가는 기업활동과 관련된 인권침해를 구제하기 위한 포괄적
인 국가 제도의 일부로써 사법적 메커니즘과 함께 실효적이고 적
절한 비사법적 고충처리 메커니즘을 제공해야 한다. 사법적 메커
니즘이 실효적일 경우에도 신청된 침해 사안 모두에 대하여 대처
하는 것이 어려울 수 있고 사법상 구제가 항상 필요한 것도 아니
고 모든 신청인에게 항상 바람직한 대책이 되는 것도 아니다. 따
라서 비사법적 메커니즘은 사법적 메커니즘을 보완하고 보충하
는 불가결한 역할을 한다. 특히 기업활동과 관련된 인권침해 구제
메커니즘이 불충분한 경우에 기존의 비사법적 메커니즘의 권한
범위를 확대하거나 새로운 메커니즘을 추가함으로써 대처할 수
있다. 예를 들면, 현안사항, 관련된 공공의 이익 및 당사자의 잠재
적인 요구에 의한 중재나 재정에 의하는 경우, 다른 문화에 적절
히 대응할 수 있고 권리 적합성이 있는 프로세스 또는 이러한 조
합을 포함하는 경우이다.

이러한 메커니즘의 실효성을 확보하기 위해 국가는 기업활동
과 관련된 인권 사안의 당사자 간 불균형 및 사회적으로 약한 입

장에 놓여있거나 배제될 위험이 높은 집단·민족에 속하는 개인에 대한 추가적인 장벽에 대처하는 방안을 고려해야 한다.

제3절 지속 가능 경영을 위한 기본요소

1. ESG 경영과 인권

(1) 개요

ESG 투자란 기존의 재무정보뿐만 아니라 비재무정보인 ESG에 관한 부분도 고려한 투자를 의미한다.[79] 기업에 위험과 기회를 가져오는 ESG 개념을 제시한 것은 2004년 6월 유엔글로벌컴팩트(UN Global Compact)에서 발표한 'Who Cares Wins' 보고서이다. 동 보고서에서 ESG라는 용어가 사용됨과 동시에 ESG를 추진하는 역할을 담당하는 조직에 대해서도 논의되었으며, 이후 사회적 책임투자원칙(Principles for Responsible Investment: PRI)으로 이어졌다.[80]

---

79 특히 사회적 요소는 인권, 근로조건 및 근로안전, 노사관계, 공급망 관리, 지역사회와 상생, 인종 및 성별의 다양성 등을 포함하고 있다.

80 PRI는 2006년 코피 아난 당시 유엔 사무총장이 제창한 유엔 환경계획·금융 이니셔티브 글로벌·컴팩트 파트너십에 의한 독립조직이다.

(2) 사회적 책임투자원칙

사회적 책임투자원칙(PRI)은 서명 기관 투자자가 수혜자를 위해 장기적인 관점에서 최대한의 이익을 추구할 의무를 지는 수탁자 책임과 일치시키는 것이다. 2015년 9월에 발표한 21세기의 수탁자 책임(Fiduciary in the 21st Century) 보고서에서 ESG 요소를 고려하지 않는 것은 오히려 수탁자 책임[81]에 반한다고 지적하고, 책임투자란 ESG 요소를 투자 판단이나 주주총회에서 의결권 행사와 투자처 기업에 참여하는 액티브 오너십에 편입시키는 전략 및 실천을 의미한다고 정의하고 있다.

종래에는 ESG 투자를 하는 것이 수탁자 책임에 어긋나지 않는 것에 대해 법적 논의가 있었지만, 현재는 국제적으로도 ESG 투자를 실시하는 것이 수탁자 책임에 어긋나지 않는다는 것에는 이견이 없으며, ESG 투자를 실시하는 수탁자가 책임을 다한다는 견해가 유력하다.

따라서 책임투자원칙에서는 첫째, 투자분석과 의사결정 프로세스에 ESG 과제를 포함하고 둘째, 활동적인 주식 소유자가 되어 소유지침과 소유습관에 ESG 문제를 편입해야 하며 셋째, 투자대

---

81 수탁자책임이란 자산 보유자의 자산을 수탁하여 운용하고 있기 때문에 수탁자로서 준수해야 할 책임을 의미하며 수탁자 책임에 관한 표현은 국가에 따라 다르지만, 그 주된 개념은 수탁자는 위탁자(고객)의 이익을 극대화하고, 수탁자는 그 업무의 전문가로서 갖추어야 할 주의, 사려 깊음 및 근면함을 가지고 행동할 것을 요구하고 있다.

상 기업에 대해 ESG 과제에 대한 적절한 공개를 요구해야 하며 넷째, 자산운용업계에서 원칙이 받아들여져 실행에 옮기도록 압력을 가해야 하며 다섯째, 본 원칙을 실행할 때의 효과를 높이기 위해 협동해야 하며, 마지막으로 본 원칙의 실행에 관한 활동 상황이나 진척 상황에 관한 보고가 필요하다.

(3) 비재무정보공개지침

ESG 투자가 늘어남에 따라 기업에 적극적인 정보공개를 요구하고 있으며 ESG 요소를 포함한 기업의 중장기적인 지속 가능성을 고려한 투자 활동을 하기를 요구한다. 또한 ESG 투자를 유치하기 위해 ESG 평가기관을 위한 공개라는 측면도 있어서 상장기업이 얼마나 구체적이고 적극적으로 ESG에 관해 공개하는지 여부가 중요하다. ESG의 개념이 상장회사에 대한 투자의 맥락에서 보험이나 융자를 포함한 금융업계 전체로 확산되고 있어, 모든 기업에서 ESG 정보의 공개나 ESG 경영을 요구하고 있다.

EU에서는 2014년의 비재무정보공개지침(Non-Financial Reporting Directive)으로 비재무정보공개가 규정되고 공개되었다. 동 지침에서는 근로자 500명 이상의 EU 내 기업에 대해 경영보고서에서 환경, 사회, 근로자, 인권존중, 부패방지에 있어서 첫째, 사업모델의 개요, 대응지침, 지침의 실시결과, 둘째, 사업활동과 관련된 주요 위험요소 및 관리방법, 셋째, 개별사업에 관한 비재무 핵심성과지표에 대해 원칙준수, 예외공시 원칙에 근거하여 공개할 것을 요구하고 있다. 또한 이사회의 다양성과 관련해 연령, 성별, 직업, 학력 등의 공개도 요구하고 있다.

2017년 6월에는 기업이 비재무정보공개지침에 근거해 공개할 때 참조 가능한 임의의 비재무정보 가이드라인(Non-Binding Guidelines)도 공표되어 공평성, 포괄성·간결성, 전략적 시점·장래성, 이해관계자와의 관계, 일관성의 원칙을 제시하고 있다.[82]

2021년 4월에는 기업 지속가능성 보고 지침(Corporate Sustainability Reporting Directive)에 의해 비재무정보공개지침을 개정하는 것이 공표되었다. 동 지침은 지속 가능성 공시가 단순히 규정을 준수하는 개념보다는 기업의 행동 변화를 이끄는 것을 목표로 하고 있다. 구체적으로 사회기준은 기업과 관련된 근로자, 공급망상 근로자, 기업활동에 영향을 받는 지역사회, 소비자 및 최종 사용자 등 이해관계자와 관련된 정보를 요구하고 있으며, 지배구조는 기업 문화 및 정책, 사업 수행의 전략, 부패 및 뇌물 사건 등의 정보를 포함하여 기업의 전반적 운영과 사업 수행과 관련된 정보를 제공할 것을 요구한다.

---

82 비재무적 정보는 대기업의 투명성을 개선하는 것을 목표로 하며, EU 시장에 상장된 회사뿐만 아니라 신용기관, 보험회사, 회원국이 지정한 일부 비상장 회사를 포함하고 있으며, 환경문제, 사회 및 근로자 관련 사항, 인권존중, 반부패와 뇌물 문제 등과 같은 정보를 보고서에 포함해야 한다.

2. 지속 가능한 개발 목표

(1) 개요

2015년에는 지속 가능한 개발 목표(Sustainable Development Goals: SDGs)를 핵심으로 하는 '지속 가능한 개발을 위한 2030 어젠다'가 채택되었으며, 여기에는 인간, 지구 및 번영을 위한 2030년까지의 행동계획으로서 선언 및 목표가 제시되어 있다. 지속 가능한 개발 목표의 전신으로 2000년에 발표된 밀레니엄 개발 목표(MDGs: Millennium Development Goals, 2001-2015년)는 개발도상국의 지원이 중심이었던 데 반해, SDGs는 모든 형태의 빈곤과 격차를 없애고, 모든 사람에 대한 인권존중과 사회적·문화적으로 형성된 성별 등을 배려한 풍요로운 사회를 실현하기 위해 개발도상국이나 선진국을 포함한 모든 나라가 추구하는 보편적인 목표이다.

SDGs의 17개 목표·169개 목표에는 인권이라는 말이 거의 나오지 않지만, 2030 아젠다 전문에서 모든 사람의 인권을 실현하고 성평등과 함께 모든 여성과 여아의 능력 강화를 달성하는 것을 목표로 한다고 기술되어 있다. 여기에서 상징되듯이 SDGs의 모든 목표가 인권존중을 포함하고 있으며 인권은 SDGs 전체를 관통하는 것이다.

따라서 빈곤과 기아의 퇴치, 교육의 권리, 성평등, 깨끗한 물이

나 에너지를 얻을 권리, 근로자의 권리, 차별받지 않을 권리, 공급
망상의 권리, 기후변화와 환경오염으로 생활을 침해받지 않을 권
리 등과 같이 SDGs는 모든 사람이 기본적으로 누려야 할 권리를
규정하고 있으며 인권이 없으면 SDGs는 성립하지 않는다. 특히,
기업은 기업활동을 통해 사람들의 생활에 큰 영향을 주므로 인권
존중 책임에 명시된 지도원칙에 따라서 SDGs가 지향하는 세계를
실현하는 데 기여해야 한다.

(2) 인권과 관련된 SDGs

누구도 혼자 남기지 않는다는 것을 내세우고 있는 SDGs는 인
권과 깊은 연관이 있다. 17가지 목표 중 특히 자유권, 평등권, 사
회권 등 인권과 직접적으로 관련된 SDGs는 첫째, 빈곤 퇴치, 둘
째, 모든 사람에게 건강과 복지, 양질의 교육 실시, 셋째, 성별 평
등 실현, 마지막으로 일과 경제 성장 등이다. 이러한 내용 중 2030
년까지 모든 어린이가 남녀를 구별하지 않고, 적절하고 효과적인
학습을 하고 공정하고 고품질의 초등교육 및 중등교육을 수료할
수 있도록 한다는 내용은 사회권과 관련되어 있다. 게다가 여성과
여아에 대한 모든 형태의 차별 철폐는 평등권과, 모든 사람에게
폭력 및 폭력과 관련된 사망률을 감소시키고자 하는 것은 자유권
과 연결되어 있다.

3. 기업활동과 인권에 관한 지도원칙

(1) 기업이 존중해야 할 인권

인간이 인간답게 존엄하고 행복하게 살 권리로서, 모든 사람이 태어나면서 갖는 권리인 인권의 가치체계를 형성하기 위해 인류가 오랜 시간에 걸쳐 노력하였다. 강자가 약자의 생명을 앗아가는 약육강식의 원시상태에서 모든 사람에게 동등한 권리를 인정하고, 이를 보증하는 책임을 분명히 하며, 그것을 쟁취하기까지는 많은 시간과 노력이 필요했다.

1948년에 유엔총회에서 채택된 세계인권선언은 그러한 노력의 집대성이다. 또한 세계인권선언에서 인권은 모든 사람이 가지는 권리로서 인정되고 있다. 이후 경제적, 사회적 및 문화적 권리에 관한 국제규약과 시민적 및 정치적 권리에 관한 국제규약이 기본적인 이념의 바탕이 되고 있다. 그리고 많은 국가에서 헌법 규정에 그 내용을 도입하는 등 국제사회의 공통적인 인권 기준으로 받아들여지고 있다. 전후 국제사회에서의 인권보호와 신장은 기본적인 국가의 책무로 받아들여져 국제사회에서 각국 정부는 인권에 대해 이해하고 책임을 다하는 것을 목표로 해 왔다.

이러한 대처는 일정한 성과로 나타났지만, 모든 나라가 인권에 대해 같은 수준의 개념과 보호에 도달하고 있는 것은 아니며, 정치·경제·사회구조 등의 문제로 보편적인 인권을 지지하고 있더라도 정책적으로 실현하기 어려운 국가도 있다. 이러한 국가에서는 인권을 보호·추진하기 위한 법률이나 제도, 실행 기관이 충분히 정비되어 있지 않다. 우리나라를 포함한 주요 국가에서도 세계화에 수반하는 새로운 인권 과제가 입법에 반영되어 따라가는 것은 아니다. 그리고 새로운 권리에 대해 국민의 의견이 나뉘거나 권리를 충분히 보장받지 못하는 경우도 있다.

특히 냉전 종료 후에 공급망이 국경을 넘기게 되자 각국의 경제력이나 법제도의 차이로 현장에서 일하는 사람들에게 인권에 대한 다양한 형태로 영향이 나타났다. 또한 국외 공급망에서의 아동노동, 강제노동, 혹은 토지소유 개념이 없는 원주민에 대한 수탈(收奪)이나 삼림 벌채 등의 형태로 인권에 영향을 미치게 되었다. 이에 주권국가만의 책임과 의무로 되어 있던 인권 개념에 대해 기업을 포함한 국가 이외의 주체도 마찬가지로 인권을 보호하고 신장해야 한다는 공통적인 생각을 하게 되었다. 이렇게 전환된 큰 변화는 유엔 기업과 인권 이행원칙에 잘 나타나 있다.

한편 우리나라의 인권증진 행동전략(2021-2025)은 인권에 대한 국제사회의 노력과 대처를 국내적으로도 반영해 실현하기 위한 것이다. 인권증진 행동전략의 시행으로 사람들이 국내뿐만 아니라 세계화된 경제활동 속에서 권리를 보장받고, 기업도 다양한 위험이 감소되어 보다 건전하고 올바른 성장을 실현해 나갈 수 있다. 뿐만 아니라 인권을 확보함으로써 지속 가능한 사회와 경제

발전을 실현할 수 있으며, 나아가 기업과 소비자, 시민사회 등 모든 주체가 인권존중 및 실천을 통해 미래 발전을 위한 초석으로 삼아야 한다.

(2) 기업이 존중해야 할 인권 주체

기업은 고용 형태에 관계없이 자사의 근로자, 계약사원, 파견사원, 아르바이트, 파트사원 등의 인권을 고려해야 함은 물론, 거래처 근로자, 나아가 고객·소비자나 사업 활동이 이루어지는 지역주민 등 해당 사업의 활동과 관련된 모든 사람의 인권을 존중해야 한다.

물론 사외의 인권문제를 파악하는 것이 결코 쉬운 것은 아니다. 그러나 근로자가 고객이나 소비자, 거래처 근로자 등에 차별적인 대응을 하거나 공장 건설을 위해 지역 주민에게 퇴거를 강요하는 등의 심각한 인권문제가 발생할 가능성 때문에 사전에 인권과 관련하여 충분한 검토와 대책이 필요하다.

(3) 기업활동과 인권에 관한 지도원칙

1) 성립배경

다국적기업에 의한 인권침해에 대해 거버넌스 갭(Government Gap)이 발생해서 인권에 대한 지도원칙이 수립되었다. 특히 1980

년대 이후 세계화로 인해 기업의 영향력이 높아지고 다국적기업의 공급망이 신흥국으로 확산되는 와중에 인권침해 원인이 되는 사례가 많이 발생하였다.

그러나 신흥국의 경우 인권침해를 미연에 방지하기 위한 법률이 충분히 정비되어 있지 않거나 만일 정비되어 있었다고 해도 집행력이 충분히 담보되어 있지 않았다. 나아가 국경을 초월하여 활동하는 기업들을 어떻게 규제할 것인가 하는 점도 또한 충분히 검토되지 않았다. 결국 다국적기업 등이 인권에 미치는 부정적인 영향을 적절히 통제하는데 사회의 능력에 따른 차이가 발생하자 이를 거버넌스 갭으로 이해하게 되었다. 또한 투자하는 선진국과 투자를 수용하는 개도국, 규제 강화를 호소하는 인권단체, 자발성을 기본으로 하는 경제계와 인권보호의 책임이 국가에 있다고 생각하는 부류 등 각각의 입장에서 전통적인 대립은 계속되는 상황이었다.

그러한 상황에서 기업활동과 인권 사이의 바람직한 규제에 대해 새로운 틀을 제시한 것이 2011년 유엔 인권이사회에서 채택된 '기업과 인권에 대한 지도원칙: 유엔의 보호, 존중 및 구제 프레임워크 이행(Guiding Principles for Business and Human Rights: Implementing the United Nations "Protect, Respect and Remedy" Framework)'이다. 이는 국제인권기준에 따른 기업의 인권 책임에 관한 가이드라인에 해당한다. 그리고 이 지도원칙은 인권을 보호하는 국가의 의무, 인권을 존중하는 기업의 책임, 구제에 대한 접근 등 3가지를 기본으로 하여 모든 국가 및 기업에 대하여 규모, 업종, 소재지, 소유자, 조직 구조와 관계없이 인권의 보호와 존중, 대처를 요구하는 것이다.

나아가 지도원칙은 국가의 의무(State Duty)에 관한 10원칙, 기업의 책임(Corporate Responsibility)에 관한 14원칙, 구제에 대한 접근(Access to Remedy)을 규정한 7원칙 등 총 31개의 개별원칙으로 구성되어 있다. 특히 중요한 것이 기업의 책임에 관한 내용이다. 지도원칙은 국제사회에 승인된 인권을 기업이 기본적인 여러 원칙에 따라 사회적·도의적 책임을 충분히 인식하여 존중할 것을 명확히 요구한다.

2) 지도원칙 개요

지도원칙은 인권을 보호하는 국가의 의무, 인권을 존중하는 기업의 책임, 구제에 대한 접근이라는 3개의 분야로 구성되어 있다. 그리고 지도원칙에 명시된 가장 중요한 점은 인권침해 해결을 위해 정부와 기업이 다르지만 서로 보완하는 역할을 해야 한다는 것이다. 즉, 정부는 인권을 보호할 의무가 있음을 재확인하는 동시에 기업은 정부의 의무 이행 여부를 불문하고 인권을 존중할 책임이 있음을 분명히 하였다.

따라서 기업은 인권이 존중되도록 경영지침을 결정하고 나아가 경영지침에 맞게 인권을 보호할 것을 약속해야 하며, 인권에 미치는 부정적인 영향을 감안하여 영향력을 행사해야 한다. 특히,

기업활동이 인권에 미치는 부정적인 영향을 특정, 평가, 예방, 경감, 설명하는 행위가 바로 인권실사이다. 인권실사가 이루어질 때 인권에 부정적인 영향을 미치는 인권에 대한 위험요인에 주목하여야 하며 취약한 권리 보유자의 입장에 서는 것이 필요하다.

한편 지도원칙은 기업이 인권에 미치는 영향을 세 종류로 나누고 있다. 부정적인 영향을 직접적으로 일으키는 원인, 부정적인 영향을 유발하는 조장, 사업 활동으로 연결되어 있는 관계이다. 여기서 원인과 조장이 되는 부분은 시정하기 위해 조치를 해야 한다.

그러나 사업 활동으로 연결되어 있는 관계에서는 영향 자체에 대한 책임은 지지 않지만, 영향을 일으켰거나 조장한 조직에 대해서는 자신의 영향력을 행사할 책임이 있다. 또한 구제에 대한 접근은 인권침해 피해자가 적절하게 구제되는 데 필요한 수단을 정비하도록 정부와 기업, 사회 전체에 요구된다.

유엔 인권이사회 전문가 그룹이 발표한 2030년 로드맵에서 국제적 과제에 대응할 때 지도원칙을 길잡이로 활용하도록 제언하고 있듯이 지도원칙은 정부, 기업, 노동조합, 시민사회라는 다양한 이해관계자가 협동하여 인권침해를 예방하고 대응하는 국제적인 공통 원칙이다. 지도원칙의 개념은 그 후에 책정된 다양한 기업활동에 관한 행동규범으로 도입되었다. 또한 지도원칙을 바탕으로 한 정책이나 법규제의 실시가 확대되고 있으나 이후, 기업활동과 인권을 둘러싼 상황이 더욱 복잡해지고 기업에 대한 요청도 고도화되고 있다. 나아가 각국은 지도원칙의 확대와 실시에 관한 행동계획을 작성하는 것을 장려하고 있다.

따라서 2013년 영국이 자국의 실상과 법령을 바탕으로 국가행동계획을 세계 최초로 제정한[83] 데 이어 이탈리아, 네덜란드, 노르웨이, 미국, 독일, 프랑스 등의 나라에서도 국가행동계획을 제정했으며, 2019년 10월에는 아시아 최초로 태국이 국가행동계획을 제정하였다.

일본에서는 2020년 10월에 '비즈니스와 인권에 관한 행동계획(2020-2025)'이 공포되었으며, 이를 바탕으로 비즈니스와 인권에 대한 대응을 공포하였다. 일본의 국가 행동계획에서는 기업과 인권에 관해 정부가 대응하는 각종 시책이 기재되어 기업활동이 인권에 미치는 영향의 특정, 예방·경감·대처·정보 공유를 실시하고 인권에 대한 부정적인 영향을 특정·방지·구제할 것을 표명하고 있다.[84] 이러한 국가별 행동계획을 통해 기업과 인권에 관한 관계 부처와 정책의 일관성을 확보하는 동시에 책임 있는 기업 행동을 촉

---

83 영국의 기업과 인권에 관한 행동계획(Good Business: Implementing the UN Guiding Principles on Business and Human Rights)은 세계 최초로 기업활동에 있어서 인권을 통합하도록 지도하는 것으로, 여기에는 기업이 인권을 존중함으로써 기업의 가치를 보호하고 회사 제품을 구매하는 소비자들이 증가함에 따라 더 많은 고객을 확보할 수 있으며, 근로자의 생산성 향상 및 동기를 부여할 수 있어 노사분쟁을 방지하고 지역사회에 공헌할 수 있다고 전제하고 있다.

84 분야별 행동 계획으로서 아동의 권리의 보호·촉진, 새로운 기술의 발전에 수반하는 인권, 소비자의 권리·역할, 법 아래 평등 등을 규정하고 있다.

진하고, 기업활동으로 인권에 악영향을 받는 사람들의 인권을 보호하며, 나아가 기업의 가치와 국제 경쟁력이 향상될 것 등이 기대된다.

한편 우리나라는 아직 기업의 인권실태 파악과 적절한 대책을 제시하지 못하고 있으며, 일부 기업들이 유엔의 인권 이행원칙에 대한 지지선언을 하는 수준에 머무르고 있어 인권에 대한 국가적인 지도원칙 제정이 시급한 실정이다.

참고문헌

1. 김지연·위사기, "상장기업 소유구조가 기업의 사회적 책임과 기업가치에 미치는 영향", 경영컨설팅연구 제24권 제1호, 한국경영컨설팅학회, 2024, pp. 221-228.

2. 김기홍, "국내외 ESG 경영사례분석과 경영자 전략방안: 투자전략과 평가분류를 중심으로", 전문경영인연구 제27권 제2호, 한국전문경영인학회, 2024, pp. 153-160.

3. 김장순·최돈승·김창수, "다국적기업 현지 자회사의 ESG 경영이 비재무적 성과에 미치는 영향: 재무적 성과의 매개효과를 중심으로", 국제경영리뷰 제28권 제1호, 한국국제경영관리학회, 2024, pp. 129-139.

4. 김슬기, "ESG 경영 실무를 위한 ESG Handbook Environmental", 사회적가치연구원(CSES), 2021, p. 14.

5. 강영기, "일본에서의 인권존중책임 관련 동향과 기업들의 인권규범 도입", 상사법연구 제40권 제2호, 한국상사법학회, 2021, p. 161.

6. 강진원·김혜나, "EU 인공지능(AI) 규제 현황과 시사점", KISTEP 브리프 119, 한국과학기술기획평가원, 2024, p. 2.

7. 곽관훈, "인권경영의 법적 의미와 기업규제패러다임의 전환", 기업법연구 제29권 제1호, 한국기업법학회, 2015, pp. 205-206.

8. 곽숙이, "ISO 26000에 의한 사회적 책임경영과 기업성과", 계명대학교 대학원 박사학위 논문, 2012, p. 34.

9. 국가인권위원회, "인권증진 행동전략(2021-2025)", 2020.

10. 김대욱, "중국에서의 기업인권 규범의 확산과 그 변용", 서울대학교 대학원 박사학위 논문, 2019, p. 6.

11. 김도형·차경천, "국가 제도적 환경요인이 공개기업의 활동에 미치는 영향: 유엔 글로벌콤팩트 가입 공개기업을 중심으로", 마케팅관리연구 제20권 제4호, 한국마케팅관리학회, 2015, p. 47.

12. 김병준, "기업의 인권 보고지표를 통한 인권경영의 강화: ISO26000와 GRIG4의 인권지표를 중심으로", 아주법학 제7권 제1호, 아주대학교 법학연구소, 2013, pp. 42-43.

13. 김순석, "연성규범(Soft Law)을 통한 기업지배구조의 개선-기업지배구조 모범규준(Corporate Governance Code)의 개선 및 '준수 또는 설명(Comply or Explain) 원칙'의 도입방안을 중심으로-", 증권법연구 제18권 제2호, 한국증권법학회, 2017, p. 5.

14. 김인재, "기업의 인권존중책임에 관한 국제기준과 법적 과제", 저스티스 통권 140호, 한국법학원, 2014, p. 7.

15. 남영숙, "노동자의 인권보호에 관한 감사 가능한 기준을 정한 국제규격(SA8000)", 글로벌사회적책임센터 이화여자대학교 국제대학원, 2011, p. 54.

16. 류성진·김재원, "다국적 기업의 인권경영에 관한 글로벌 법제 현안 분석", 한국법제연구원, 2015, pp. 45-50.

17. 문준조, "외국의 인권위원회 설치 법률에 관한 비교법적 연구", 한국법제연구원, 2000, p. 18.

18. 박병도, "SDGs와 인권 그리고 파리협정의 관계에 관한 소고(小考)", 일감법학 제51권, 건국대학교 법학연구소, 2022, pp. 158-159.

19. 박재현, "기업 내·외부평판의 격차(GAP)와 ESG 성과의 관계: 내부평판 관리의 중요성", 경영컨설팅연구 제24권 제2호, 한국경영컨설팅학회, 2024, pp. 71-74.

20. 박상록·박현숙, "기업의 사회적 책임활동을 통한 이미지 형성이 기업성과에 미치는 영향에 관한 연구", 대한경영학회지 제26권 제4호, 대한경영학회, 2013, p. 965.

21. 박윤주·이준호·최유화, "동반성장과 호혜를 고려한 ESG 투자동향 및 시사

점", 문화기술의 융합 제7권 제1호, 국제문화기술진흥원, 2021, p. 38.

22. 박진완, "국제법의 헌법화와 유럽의 인권보장체제", 유럽헌법연구 제15호, 유럽헌법학회, 2014, pp. 45-48.

23. 박효민, "국제법상 개인의 규제와 법의 지배: 유엔 안보리와 국제형사재판소의 관할권 중첩을 중심으로", 법제 제688권, 법제처, 2020, p. 164.

24. 박효민·이인화, "인권을 근거로 부과되는 수출통제 및 제재", 무역안보 Brief 2022 Vol. 2, 전략물자 관리원, 2022, p. 11.

25. 백수원, "헌법상 투명성 원칙에 기반한 인공지능 규제의 방향", 성균관법학 제33권 제2호, 성균관대학교 법학연구원, 2021, p. 594.

26. 삼일PwC, "EU CSRD 기업 지속가능성 보고지침 주요 내용", 2023, p. 3.

27. 송세련, "인권영향평가의 정착을 위한 제언", 2020년 상반기인권경영포럼, 국가인권위원회, 2020, p. 10.

28. 이상수, "기업의 인권침해에 대한 법적 규제", 법과기업연구 제8권 제3호, 서강대학교 법학연구소, 2018, pp. 126-127.

29. 이상수, "다국적기업에 의한 인권침해와 OECD 다국적기업 가이드라인", 서울대학교 법학 제55권 제3호, 서울대학교 법학연구소, 2014, p. 243.

30. 양오석·한재훈, "61개 포춘 글로벌 기업의 비재무적 ESG 경영활동이 기업성과에 미치는 영향: 이사회 속성의 조절효과 연구", 전문경영인연구 제27권 제1호, 한국전문경영인학회, 2024, pp. 72-81.

31. 임석준, "소비자 정치와 기업의 사회적 책임: 나이키의 글로벌 상품사슬을 중심으로", 한국정치학회보 제39권 제2호, 한국정치학회, 2005, p. 243.

32. 장인호, "인권영향평가 확대방안에 관한 입법론적 고찰", 성균관법학 제29호 제4권, 성균관대학교 법학연구소, 2017, pp. 139-140.

33. 정성광·최미리, "ESG 중요성 인식에 따른 기업의 혁신전략에 관한 연구", 경영컨설팅연구 제24권 제1호, 한국경영컨설팅학회, 2024, pp. 183-189.

34. 정보통신정책연구원, "플랫폼의 혁신 가치 공유를 위한 실천원칙과 우수사례", 2023.

35. 정은주, "유엔 기업과 인권 이행원칙(UNGPs) 채택 이후 국가의 적극적 보

호의무 강화에 대한 고찰", 서강법률논총 제7권 제1호, 서강대학교 법학연구소, 2018, p.84.

36. 차정화, "ESG가 기업위험에 미치는 영향-ESG 평가요소별 분석", 한국창업학회지 제19권 제1호, 한국창업학회, 2024, pp.105-110.

37. 한상범·권세훈·임상균, "글로벌 ESG 동향 및 국가의 전략적 역할", 대외경제정책연구원, 2021, p.29.

38. 황성준·박경보, "기업의 ESG 성과가 미래의 기업 가치에 미치는 영향", 한국창업학회지 제19권 제1호, 한국창업학회, 2024, pp.82-90.

39. 함유정·김주태, "제도적 압력이 ESG 성과에 미치는 영향", 경영컨설팅연구 제24권 제3호, 한국경영컨설팅학회, 2024, pp.61-74.

40. BHR Lawyers, "COVID-19 Impacts on Human Rights and Guidance on Japanese Business Response(First Edition)", 2020.

41. Broughton. E., "The Bhopal disaster and its aftermath: a review", Environ Health Vol.4, No.1, May 10 2005, p.3.

42. David Weissbrodt and Muria Kruger, "Norms on the Responsibilities of Transnational Corporations and Other Business Enterprises with Regard to Human Rights", 97 AM. J. INT'L L. 901, 2003, pp.921-922.

43. Directorate-General for Financial Stability, "Financial Services and Capital Markets Union, Proposal for a Corporate Sustainable Reporting Directive", 2021.

44. European Parliament legislative resolution of 13 March 2024 on the proposal for a regulation of the European Parliament and of the Council on laying down harmonised rules on Artificial Intelligence (Artificial Intelligence Act) and amending certain Union Legislative Acts (COM(2021)0206-C9-0146/2021-2021/0106(COD)).

45. Fortun. K., "Advocacy after Bhopal. Chicago", University of Chicago Press, 2001, p.259.

46. Gray, Kenneth R. and Karp, Robert E., "Corporate Social Responsibility:

The Sullivan Principles and South Africa", Visions in Leisure and Business: Vol. 12: No. 4, Article 2, 1994, pp. 1-14.

47. Guiding Principles on Business and Human Rights: Implementing the United Nations "Protect, Respect and Remedy" Framework, 2011, p. 1.

48. Independent International Fact-Finding Mission on Myanmar, The economic interests of the Myanmar military Independent International Fact-Finding Mission on Myanmar, A/HRC/42/CRP.3, 2019.

49. ISO 26000-guidance on social responsibility (2). (2009), "Business and the Environment", 20(7), pp. 11-14.

50. ISO 26000-Guidance on social responsibility, 2010, pp. 10-14.

51. Lummus, R. R. and Vokurka, R. J., "Defining supply chain management: a historical perspective and practical guidelines", Industrial Management & Data Systems, Vol. 99 No. 1, 1999, pp. 11-17.

52. Steven Gruzd, Yarik Turianskyi, Neuma Grobbelaar, Yemile Mizrahi, "MULTI-STAKEHOLDER INITIATIVES: LESSONS LEARNED", United States Agency for International Development, 2018, pp. 2-3.

53. The Global Compact, "Who Cares Wins-The Global Compact Connecting Financial Markets to a Changing World-", 2004.

54. The Principles for Responsible Investment, "2021-22 Annual Report", 2022, pp. 13-14.

55. UN Human Rights Council, 'Guiding Principles on Business and Human Rights: Implementing the United Nations "Protect, Respect and Remedy" Framework', 21 March 2011, A/HRC/17/31.

56. UN Subcommission on the Promotion and Protection of Human Rights(55th sess. : 2003: Geneva), "Norms on the responsibilities of transnational corporations and other business enterprises with regard to human rights".

57. UN OHCHR, "Frequently Asked Questionson Human Rights and Climate

Change", Fact Sheet No. 38, 2021.

58. UNEP FI, "Fiduciary Duty in the 21st Century Final Report", 2019.

59. Zenkiewicz. M., "Human Rights Violations By Multinational Corporations And UN Initiatives", Uluslararasi Hukuk Ve Politika, 12(1), 2016, pp. 123-124.

60. 法務省人権擁護局 公益財団法人人権教育啓発推進センター, 今企業に求められる「ビジネスと人権に関する調査研究報告書」「ビジネスと人権」への対応, 詳細版, 2021.

61. ビジネスと人権に関する行動計画に係る関係府省庁連絡会議, 「ビジネスと人権」に関する行動計画(2020-2025), 2020.

62. https://www.unpri.org/news-and-press/principles-for-responsible-investment-sets-new-human-rights-expectations-for-investors/6638.article.

63. https://www.hrw.org/report/2021/04/19/break-their-lineage-break-their-roots/chinas-crimes-against-humanitytargeting.

64. https://ja.wfp.org/news/qihouweijiniyoruweicengyounojieshijieshiliaote niguolianwfpkajinjinoxingdongwoyaoqing.

65. https://www.unpri.org/an-introduction-to-responsible-investment/what-is-responsible-investment/4780.

66. https://www.business-humanrights.org/en/big-issues/un-guiding-principles-on-business-human-rights.

67. https://www.ohchr.org/EN/NewsEvents/Pages/DisplayNews.aspx?LangID=E&NewsID=27087.

68. https://www.nytimes.com/2021/12/10/business/economy/human-rights-export-controls.html.

69. https://www.washingtonpost.com/business/2021/07/30/amazon-record-fine-europe/.

70. https://digital-strategy.ec.europa.eu/en/policies/regulatory-framework-ai.

71. https://www.sustainablebrands.jp/article/story/detail/1205801_1534.html.

72. https://www.un.org/sustainabledevelopment/development-agenda/.

73. https://www.nikkei.com/article/DGXZQOUA128LZ0S2A910C2000000/.

74. https://www.unglobalcompact.org/what-is-gc/mission/principles.

75. https://www.unglobalcompact.org/what-is-gc/mission/principles.

76. https://www.hankookilbo.com/News/Read/201511100436674798.

77. https://www.itmedia.co.jp/news/articles/2004/10/news128.html.

78. https://www.congress.gov/bill/117th-congress/house-bill/6256/tex.

79. https://www.mofa.go.jp/mofaj/press/release/press4_008862.html.

80. http://www.koit.co.kr/news/articleView.html?idxno=100476.

81. https://www.kakaocorp.com/page/detail/9704.

82. https://news.un.org/en/story/2021/09/1099972.

83. https://news.un.org/en/story/2022/07/1123482.

84. https://www.unglobalcompact.org/what-is-gc.

85. https://www.iso.org/standard/42546.html.

86. https://sa-intl.org/programs/sa8000/.

87. https://www.kimberleyprocess.com/.

88. https://unglobalcompact.org/library/2.

89. https://undocs.org/A/75/212.

90. https://www.isealalliance.org.

91. https://blacklivesmatter.com/.

92. https://www.unpri.org/.

제5장

주요 국가의
입법 동향

제1절 인권존중 책임에 관한 입법의 동향

2010년대에 들어서 중동과 북아프리카로부터 대량 난민사태가 발생하면서 난민을 밀입국시켜 강제노동을 시키는 국제조직범죄가 횡행해 사회문제가 되었다. 또한 2013년 4월에는 방글라데시 다카 근교에서 8층 건물이 붕괴하여 1,132명이 사망하는 대형 참사가 발생했다. 이 건물에는 봉제공장 5개사가 입주해 저임금의 열악한 노동환경에서 근로자가 노동한 사실이 밝혀졌다.

이러한 배경에서 유럽에서는 2014년 3월 영국의 「현대노동법」 제정을 시작으로 기업을 대상으로 한 자사의 사업과 공급망에 있어서 인권실사 실시 및 그에 관한 정보공개를 의무화하는 법률이 잇따라 제정되었다. 인권실사란 2011년 3월 유엔 인권이사회가 만장일치로 지지한 비즈니스와 인권에 관한 지도원칙으로, 기업에 인권존중 책임을 부과하여 지속적으로 인권실사를 실시하도록 요구한 일련의 프로세스를 말한다.

인권실사는 4가지 과정으로 구성되는데 첫째, 기업활동을 통해 야기하거나 조장하고 있는 인권에 대한 악영향 및 거래관계에 의해 기업의 사업, 상품·서비스에 직접 관계되는 인권에 대한 악영향을 특정·평가하고, 둘째, 잠재적인 인권에 대한 악영향을 방지·경감하기 위해 적절한 조치를 취하며, 셋째, 실시한 조치의 실효성을 추적 평가하고, 넷째, 인권에의 영향에 대한 대처방법 및 중대한 인권 위험과 관련한 정책에 대한 발표와 보고하도록 한다.

유럽에서는 2015년 이후 기업에 대하여 공급망을 포함한 인권 실사 실시를 의무화하는 법률이 확대되고 있다. 그 내용을 살펴보면 기업에 대한 의무의 범위와 내용, 실효성을 확충·강화하는 방향이라는 것을 알 수 있다. 구체적으로는 첫째, 인권뿐만 아니라 환경에 대한 악영향도 실사의 대상으로 하며 둘째, 기업이 실시할 실사 절차와 공개사항을 법률에서 구체적으로 정하고 셋째, 기업이 실사의무를 이행하지 않은 경우에 감독기관이 금전적인 제재를 부과하여 법률의 실효성을 강화하는 것이다.

제2절 미국의 법제도

1.「금융규제개혁법」제1502조

(1) 배경

콩고민주공화국[85] 및 그 주변국에서 채굴된 천연자원이 무장조 직의 자금원이 되어 결과적으로 분쟁을 장기화시키고 있다는 유 엔 안전보장이사회의 보고서를 바탕으로, 기업에 대하여 광물의 공급망을 추적하고 감사할 것을 목적으로 2010년 7월 미국에서 「금융규제개혁법(Dodd-Frank Wall Street Reform and Consumer Protection Act)」제1502조를 제정하여 2013년부터 시행하고 있다.

분쟁광물(Conflict Minerals)에는 주석, 탄탈늄, 텅스텐, 금 혹 은 그 파생물을 비롯해 콩고민주공화국 혹은 그 주변국에서 분쟁 의 자금원이 되고 있다고 미국무장관이 판단한 기타 광물이나 파

---

85 아프리카 대륙의 중앙부에 위치한 콩고민주공화국은 1996년부터 1997 년, 1998년부터 2003년까지 두 차례의 콩고 분쟁으로 대표되는 장기적인 혼란 속에 있으며, 일련의 분쟁은 500만 명 이상의 희생자를 내고 있다. 현재도 동부지역에서 무장 세력의 활동이 활발하고, 시민에 대한 강간·폭력·약탈 등 많은 인권침해 사례가 보고되고 있다.

생물을 말한다. 「금융규제개혁법」 제1502조는 상장회사에 대하여 일정한 조사의무 및 공개의무를 규정하고 있다. 즉, 콩고민주공화국 등 원산국에서 강제노동, 아동노동, 인권침해 혹은 분쟁 자금원인 분쟁광물자원의 수입에 관한 규제를 하기 위한 것이다.

이러한 규제가 생겨난 배경에는 콩고민주공화국 및 그 주변국을 원산지로 하는 분쟁광물의 개발이나 거래가 분쟁의 자금조달에 일조하고, 콩고민주공화국 동부의 심각한 폭력, 특히 성폭력이나 젠더에 근거한 폭력 등으로 심각한 인권침해가 발생하는 데 있다고 미국 연방의회에서 인식한 것이다.[86] 이러한 인식을 바탕으로 미국 증권거래위원회가 「금융규제개혁법」 제1502조(분쟁광물조항)에 근거해 미국의 증권거래소에 상장된 글로벌 기업에 대해 광물의 공급망을 추적하고 감시할 것을 요구하고 콩고민주공화국 및 그 인접국에서 채굴된 분쟁광물을 제품으로의 사용에 관한 공개와 보고를 의무화한 것이다.

(2) 「금융규제개혁법」 제1502조의 대상

「금융규제개혁법」 제1502조는 제조 또는 위탁하여 제조하는 제품의 기능 또는 생산에 분쟁광물이 필요한 것을 대상으로 한다.

---

86   미국 연방의회가 이러한 인식을 갖게 된 배경에는 분쟁광물을 사용하고 있는 글로벌 기업에 대한 국제 비정부기구(Enough Project, Global Witness 등)의 항의 행동에 기인한다.

여기에서 '제품의 기능에 필요한 것'이란 ① 의도적으로 제품 또는 제품의 구성 요소에 추가되고 천연으로 발생하는 부산물이 아닐 것, ② 제품에 일반적으로 기대되는 기능·용도·목적에 필요한 것, ③ 장식 또는 장식할 목적으로 내장된 경우에는 그 제품의 목적이 장식일 것을 말한다.

그리고 '제품의 생산에 필요한 것'이란 ① 제품의 생산에 사용되는 공구, 기계, 설비에 포함되는 경우를 제외하고 제품의 생산 공정에 의도적으로 포함되어 있을 것, ② 제품에 포함되어 있을 것, ③ 제품을 생산하기 위해 필요한 분쟁광물일 것을 말한다. 대상이 되는 기업은 원산국에 관한 합리적인 조사를 하고 조사 결과가 요건에 해당되는 경우에는 분쟁광물의 산출국과 가공·유통과정에 관한 실사를 하고 결과를 공개할 의무가 있다.

2. 인권침해에 관련한 법령

(1) 개요

미국에서는 자국의 안전보장이나 외교정책의 관점에서 특정국가나 개인·단체와의 거래를 규제하는 다양한 법률이 있으며 이를 제재법이라고 부르고 있다. 이들 제재법에는 특정국가와의 거래를 포괄적으로 규제하는 것, 특정 개인 또는 단체와의 거래를 규제하는 것이 포함된다. 특정 개인 또는 단체는 미국 재무부 외국 자산관리실(Office of Foreign Assets Control)에서 작성하는 리스트(List of Specially Designated Nationals and Blocked Persons)에 게재되어 있어 인터넷 검색이 가능하다. 특히 중국과 관련된 제재도 후자에 속한다. 또한 리스트에 게재된 자뿐만 아니라 이른바 '50% 룰'에 따라 리스트 게재자에 의하여 직간접적으로 미국의 자산의 50%를 보유하고 있는 자도 제재 대상이 되며, 제재 대상자에게 중대한 지원을 하는 자도 리스트에 게재될 위험이 있다. 리스트 게재자나 50% 룰에 근거한 제재 대상자에 대하여 일반적으로 미국 내의 자산동결이나 미국 입국금지 등의 조치를 가하고 있다.

제재 이유로는 대량살상무기 확산 방지, 인권침해, 테러활동 등이 포함되며 유엔 제재에 기초한 것뿐만 아니라 주요국이 공동으로 제재를 발동하는 경우, 그리고 미국의 독자적인 안보 및 외교 정책 관점에서 제재하는 경우도 있다.

(2) 「글로벌 마그니츠키 인권책임법」 및 「대통령령 제13818호」

「글로벌 마그니츠키 인권책임법(Global Magnitsky Human Rights Accountability Act)」은 미국 대통령에게 심각한 인권침해나 중대한 부패에 관여하는 자에 대한 제재의 발동 권한을 수권하는 법률로서 2016년 제정되었다. 이는 러시아 고위 관리의 부패 사건을 조사하던 세르게이 마그니츠키(Sergei Leonidovich Magnitsky)의 사망[87]을 계기로 세르게이 마그네츠키에 대한 인권침해 행위와 러시아 정부 관리의 인권침해 행위에 대한「세르게이 마그니츠키법(Sergei Magnitsky Rule of Law Accountability Act of 2012)」이 그 전신이다.

「글로벌 마그니츠키 인권책임법」은 대상범위를 확대해 전 세계에서 인권침해나 부패에 대한 제재를 규정하고 있다. 이를테면, 미국 대통령이 정부 관리의 위법행위를 폭로하거나 국제적으로 인지된 인권·자유의 확산을 담당하고 있는 개인에 대한 살해 등에 책임이 있는 자에 대해 미국 입국을 금지하거나 미국 내 자산을 동결할 것을 인정하고 있다.

2017년 12월 당시 트럼프 대통령은「글로벌 마그니츠키 인권책임법」을 근거로「대통령령 13818호(Executive Order 13818)」를 제정하였다.[88] 이것은 심각한 인권침해에 책임이 있는 개인의 미국

---

87 러시아의 세무 전문가였던 마그니츠키(Sergei Magnitsky)는 미국 태생으로 모스크바에 소재하는 영국 국적의 투자 펀드 회사에서 근무하고 있었다. 2008년 마그니츠키는 투자 펀드 회사의 납세와 관련해 러시아 정부 당국자에 의한 대규모 부패 행위(세금의 부정 환급)가 행해졌다는 고발을 당하였으며 세금 사기 혐의로 당국에 구금되었다. 그는 건강이 악화되었으나 충분한 치료를 받지 못하고 이듬해 37세의 나이로 사망했다.

88 「대통령령 13818호(Executive Order 13818)」을 비롯해「국제긴급경제권한법(International Emergency Economic Powers Act, P.L. 95-223)」,「국가긴급사태법(National Emergencics Act, P.L. 94-412)」등에 의해 대통령

내 자산동결을 인정하는 등 동법의 적용 범위를 확대하여 인권침해를 이유로 제재를 가하기 위한 것이다.

또한 미국 재무부 해외자산통제국은 위구르 문제에 대처하기 위해 「대통령령 13818호」에 따라 다양한 제재조치를 발동하고 있다. 2020년 7월 자의적 구금이나 신체적 학대를 포함한 심각한 인권침해에 관여했다는 이유로 중국 정부의 관료를 리스트에 게재하는 동시에 이러한 기업이나 개인이 보유하고 있는 50% 이상의 미국 내 자산을 동결하고 있다.

(3) 「신장 위구르 인권정책법」

2020년 6월 17일 신장 위구르 문제에 대처할 것을 목적으로 「신장 위구르 인권정책법(Uyghur Human Rights Policy Act of 2020)」[89]이 제정되었다. 이는 중국의 신장 위구르 자치구에서 채굴, 생산 또는 제조되는 모든 제품 또는 일부 제품이 미국으로 수입되는 것을 원칙적으로 금지한다. 수입자는 동법의 내용을 철

에게 권한이 부여된다.

89   정식 명칭은 「중화인민공화국 신장 위구르 자치구에서 강제노동에 의해 만들어진 제품이 미국 시장에 들어오지 않도록 할 것 및 기타 목적을 위한 법률(An Act To ensure that goods made with forced labour in the Xinjiang Uyghur Autonomous Region of the People's Republic of China do not enter the United States market, and for other purposes (Pub. L. 117-78)」이다.

저히 준수하고, 대상 제품이 강제노동에 의해 제조되지 않았음을 확인하기 위한 장관의 질문에 완전하고 실질적으로 답변해야 한다. 또한 대상제품의 전부 또는 일부가 강제노동에 의해 제조되지 않았음을 '명백하고 설득적인 증거(Clear And Convincing Evidence)'에 의해 제시되어야 한다.

그리고 법률 제정일로부터 180일 이내에 매년 미국 대통령은 상원 외교위원회, 상원 은행·주택·도시문제위원회, 하원 외교위원회 및 하원 금융위원회에 신장위구르 자치구의 인권침해에 책임이 있는 사람에 대한 리스트를 보고하여야 하며(동법 제6조(a)(1)), 미국 대통령에게 해당 보고가 이루어진 사람에 대한 제재(미국 입국금지나 미국 내 자산동결 등)를 의무화하고 있다(제6조(b)(c)).

3. 「캘리포니아 공급망 투명성에 관한 법률」

2012년 1월 「캘리포니아 공급망 투명성에 관한 법률(The California Transparency in Supply Chains Act)」이 제정되었다. 이 법은 캘리포니아주에서 사업을 운영하는 사업자에게 공급망에서 노예노동이나 인신매매를 없애기 위한 대처를 요구하고 있다. 소비자가 정보에 기초하여 기업을 선택하고 기업은 공급망 전체에서 인도적인 관습을 존중하도록 촉구할 것을 목적으로 한다.

「캘리포니아 공급망 투명성에 관한 법률」은 제조업자 또는 소매업자로서 캘리포니아주에서 사업을 하고, 연간 전 세계 매출액이 1억 달러가 넘는 기업을 규제 대상으로 한다. 대상이 되는 기업은 검증(Verification), 감사(Supplier Audits), 인증(Certification), 내부책임(Internal Accountability), 훈련(Training) 등 5개 분야에 대하여 공급망에서 어떻게 대처하고 있는지 공개하여야 한다.

구체적으로 첫째, 인신매매나 강제노동의 위험을 평가하고 대처하기 위해 제품 공급망을 검증하고 있는지, 그 검증이 3자에 의해 행해지고 있는지를 검증하여야 한다. 둘째, 공급망에서 인신매매와 강제노동에 관한 기업의 기준을 공급자가 준수하고 있는지 평가하기 위해 공급자를 감사·공개하고, 검증이 독립된 불시 감사가 아닌 경우 그 점도 마찬가지로 공개하여야 한다. 셋째, 제품에 포함되어 있는 소재에 대해 사업을 운영하고 있는 국가 또는 지역의 강제노동 및 인신매매에 관한 법률을 준수하고 있는지 여부를 증명하도록 직접 공급자에게 요구하고 인증해야 한다. 넷째, 근로자 또는 협력업자가 강제노동 및 인신매매에 관한 사회기준을 충족시키지 못할 경우에 내부책임의 기준과 내부책임을 요구하고 있다. 마지막으로 공급망 관리에 직접 책임을 지는 회사의 근로자 및 관리직에게 제품 공급망의 위험 경감에 대하여 인신매매와 강제노동에 관한 연수를 실시하고 있는지의 여부를 공개해야 한다.

4. 「연방조달규칙」

「연방조달규칙(Federal Acquisition Regulations)」은 1984년 시행된 미국의 정부조달에 관한 일반적인 조달원칙을 정한 것으로서, 공급망에 있어서 인신매매와 강제노동의 이용을 금지하고 있다. 주로 미국 내에 있는 개인의 권리보호에 중점을 두지만, 미국 밖 인권문제와 관련된 규제도 존재한다. 정부조달에 관여하는 기업은 근로자가 심각한 형태의 인신매매에 종사하게 하거나 상업적인 성행위를 알선하거나 근로자에게 취업 알선료를 청구하고 강제노동을 시키는 것을 금지하고 있다.[90] 특히 2012년 9월에는 인신매매 피해자에 대한 보호를 강화하기 위한 대통령령이 발령되기도 했다.

이러한 의무를 준수하지 않는 기업은 계약 종료나 지불 정지 등의 벌칙이 적용될 수 있다. 또한 미국 밖으로부터의 조달에 대

---

90 따라서 수주자 및 수급사업자는 그 근로자 및 대리인에게 상기 금지행위 및 조달기준을 위반했을 경우 취할 수 있는 조치를 통지해야 하며(FAR 22.1703(b)), 수주자는 조달기준을 위반하는 근로자, 대리인 또는 수급사업자에 대해 적절한 조치를 강구해야 한다(FAR 52.222-50(c)(2)). 수주자의 근로자, 수급사업자, 수급사업자의 근로자 또는 이들의 대리인이 금지행위를 했다는 신뢰성 있는 정보에 대해서는 수주자는 즉시 계약 담당관(Contracting Officer) 또는 감찰관(Inspector General)에게 통지하여야 하며, 또한 금지행위를 한 자에게 취해진 조치에 대해서도 통지해야 한다(FAR 52.222-50(d)).

해서 조달품이 시판되고 있는 재고품(Commercially Available Off-The-Shelf Items)[91] 외에 55만 달러 이상의 금액에 상당하는 경우, 기업은 조달 기준을 준수하기 위한 컴플라이언스 계획을 작성하여 제출해야 한다.[92] 컴플라이언스 계획에는 직원을 교육하기 위한 프로그램, 피해자가 위반사실을 알리기에 안전한 신고절차, 일정한 안전과 윤리기준을 충족하는 채용계획, 주거가 제공되는 경우에는 안전기준을 충족하는 주거계획, 대리인과 협력업체의 위반을 방지하기 위한 절차가 포함되어야 한다.

「연방조달규칙」에는 아동노동에 관한 규제도 규정되어 있다. 따라서 정부의 계약 담당관은 조달하고자 하는 제품이 강제노동 또는 아동노동에 의해 제조된 제품 리스트에 게재되어 있는지 확인할 필요가 있다. 정부조달 대상 제품이 해당 리스트에 게재되어

---

91 '시판되고 있는 재고품'이란 상업시장에서 상당량으로 팔리는 상업제품 (Commercial Product. Far§2.101에 정의되어 있다)에서 어느 계층의 계약 또는 하청계약에 근거하여 수정을 가하지 않고 상업시장에서 판매되는 것과 같은 형태로 정부에 제공되는 공급품(건축재료 포함)으로서 농산물 및 석유제품과 같은 벌크 화물(합중국법전 46편 40102(4)에 정의되어 있다)을 포함하지 않는다(Far§2.101).

92 컴플라이언스 계획은 직장 및 수주자의 웹사이트가 있으면 해당 웹사이트에 게시되어야 하며, 그것이 불가능한 경우 서면으로 각 근로자에게 제공되어야 한다(FAR 52.222-50(h)(4)). 또한 컴플라이언스 계획의 이행이 필요한 수주자는 해당 계획을 이행하고 금지행위의 위반이 없거나 위반행위가 있으면 적절한 시정조치를 취하였음에 대한 연차증명을 계약 담당관에게 제출해야 한다(FAR 52.222-50(h)(5)).

있는 경우, 기업은 제품 생산에 아동노동이 있었는지 여부를 성실하게 조사하고 아동노동이 없었음을 보증해야 한다. 또한 정부는 강제노동 또는 아동노동이 있거나 그에 관하여 허위의 증명을 하거나 정부의 수사에 협조하지 않는 등 부정한 행위를 하는 기업에 대하여 입찰자격을 박탈·정지할 수 있다.

영국·프랑스·독일·일본의 법제도

1. 영국

(1) 「현대노예법」의 제정

영국에서는 2015년 3월 「현대노예법(Modern Slavery Act 2015)」이 제정되어 2015년 7월에 시행되었다. 당초 농림수산업 등에 있어서 노예나 인신매매 등 조직범죄에 대한 단속 강화를 주된 목적으로 했으나, 입법 과정에서 기업을 대상으로 사업과 공급 망에서 노예 및 인신매매의 배제를 요구하는 규정이 추가되었다. 여기에서 노예 및 인신매매의 배제는 타인을 노예상태(Slavy), 예속상태(Servitude)[93]에 두고 강제노동(Forced or Compulsory Labour)이 이루어지는 것을 금지하며, 동의가 있더라도 범죄가 성립할 수 있음을 규정하고 있다(제1부 1). 또한 강간, 성폭력, 성

---

93 노예란 타인에 의해 소유권이 행사되고 있는 것처럼 자유를 박탈당한 사람의 상태 또는 지위를 말한다. 예속이란 강제력을 사용하여 서비스를 제공하는 의무가 부과된 상태로 노예로서 타인의 재산으로 생활할 것을 강제 받는 상태나 그런 강제력하에 놓여 있는 상태를 바꾸기가 불가능한 상태를 포함한다.

매매, 아동 포르노 등을 포함한 성적 착취, 장기기증의 강제 및 장려, 기타 강제 또는 허위를 이용하여 어떠한 행위를 하게 하는 것 전반을 포함한다(제1부 3).

나아가 법원은 경찰 등의 신청이 있을 경우에 노예제 및 인신매매 금지 명령을 정하는 권한을 부여한다. 명령대상자는 노예제 또는 인신거래매매에 관여할 가능성이 있다고 법원이 인정한 자로서, 명령대상자는 명령에 정해진 기간 또는 2년간 지정된 행동[94]이 금지된다.

한편 인신매매 피해자가 강제되는 형태로 범죄를 저질렀을 경우에 종래에는 이에 대한 소추 여부에 대하여 항소국이 법제화되지 않은 내부 지침에 따라 판단했으나 이를 법제화·구체화하였다. 즉, 18세 이상의 자는 노예 상태 또는 착취에 기인하는 강제를 증명할 경우에 무죄가 되며, 18세 미만의 자는 노예 상태 또는 착취의 피해자임을 증명할 경우에 무죄가 된다.

영국에서 사업을 영위하는 대기업(외국기업 포함)[95]은 노예 및 인신거래에 관한 성명을 발표하고, 해당 사업연도에 자사(자회사 포함)의 사업 및 공급망에서 노예 및 인신매매가 행해지지 않도록 하기 위해 실시하는 순서를 표명한다. 영국의 「현대노예법」은 기

---

94 지정된 행동이란 아동과 관련된 사업, 고용과 관련된 사업 또는 지정된 국가로의 입국 등을 말한다.

95 전 세계에서의 매출액이 3,600만 파운드 이상으로, 영국에서 활동하는 영리단체와 기업을 지칭한다.

업의 공급망을 대상에 포함시킨 점에서 획기적인 입법이라고 평가할 수 있다. 이에 반해 인권단체 등은 기업에 대한 의무화가 성명의 공개에 그치고 유엔지도원칙에 기초한 인권실사를 의무화하고 있지 않은 점, 노예 및 인신거래가 행해지고 있지 않다는 성명의 공개를 보고자에게 맡기고 있는 점, 공개의무를 이행하지 않는 기업에 대한 제재가 없고 「현대노예법」의 실효성을 실질적으로 시민사회의 감시에 맡기는 형태로 되어 있는 점 등을 들어 의무의 실효성이 확보되지 않고 있다고 비판한다.

이에 감독관청인 내무성은 2022년 5월 '여왕의 연설(THE QUEEN'S SPEECH 2022)'에서 현대노예법 개정(안)을 제시했다. 주요 목적은 인신매매 및 현대노예제도의 피해자에 대한 보호와 지원을 강화하고 기업 및 기타 조직의 공급망에서 노예제도를 몰아낼 수 있는 책임을 강화하는 것이다. 법안에 따르면 매출액이 3,600만 파운드 이상인 기업에 대한 요구사항을 강화하여 운영 및 공급망에서 현대노예화를 방지하기 위한 조치를 마련하기 위해 매년 성명서를 발표해야 한다. 즉, 성명에 있어서 공개항목의 의무화, 정부 포털사이트에 있어서 성명의 등록의무화, 공적 분야에 대한 성명의 의무화, 의무를 준수하지 않는 기업에 대한 민사제재금(Civil Penalty)[96]의 도입 등을 골자로 한다.[97]

---

96 민사제재금(Civil Penalty)은 사인의 법률상 의무 위반을 제재하기 위해 법원 또는 행정기관이 비형사 절차를 통해 금전을 징수하는 것이다.

97 현대노예법 제정 이후 경찰에 신고된 인권침해 건수는 2016년 12월 188

(2) 개정 「현대노예법」과 주요 내용

영국에서는 2020년 9월 보다 강력한 강제력으로 투명성이 높은 정책을 추진하기 위해 「현대노예법」을 개정하였다. 개정 「현대노예법」에서는 노예 및 인신매매에 관한 성명으로 다음 6개 항목의 공개가 의무화되었다. 공개 내용은 기업 등 조직의 구조·사업 및 공급망의 개요, 기업의 노예 및 인신매매에 관한 지침, 자사의 사업 및 공급망에서의 노예 및 인신매매에 관한 실사 절차, 자사의 사업 및 공급망에서 노예 및 인신매매에 위험이나 해당 위험을 평가하고 관리하기 위해 행한 조치의 내용, 자사가 적절하다고 생각하는 성과측정 지표에 비추어 자사의 사업 및 공급망에서 노예 및 인신매매가 발생하지 않을 것을 확보하기 위한 조치의 유효성, 노예와 인신매매에 관한 사원 연수의 실시이다.

그리고 개정법은 자사와 타사의 공개 내용의 비교를 한층 용이하게 할 것을 의도하고 있어 실질적으로 아무런 조치를 하지 않고 발표하기란 더욱 어려워졌다. 나아가 인권단체 등이 장래 계획, 발견된 현대노예의 구체적인 사례 공개, 내부통보 제도, 외부 파트너와의 협력 상황 등에 관하여 추가로 공개할 것을 제안하고 있어, 향후 강제 공개 내용이 추가될 가능성도 있다.

구 「현대노예법」에서는 웹사이트를 보유한 기업은 해당 웹사이

건에서 2022년 1월 4,322건으로 증가했다. 2021년 9월까지 경찰은 9,158건을 수사했다.

트에서 보고서를 공표하도록 하였으나, 개정「현대노예법」은 정부가 관리하는 포털에 제출하도록 하고 있다(제54조 제7항). 이는 보고 시기를 통일화하고 유사 기업의 공개 내용과 비교하는 등 기업들의 인권 대처 상황을 추적·감시하기 쉽도록 한 것이다. 이것은 기업활동의 투명성을 확보하고 실효성을 강화하기 위해 시민사회의 감시가 중요하다는 발상에 기초한 것이라고 할 수 있다.

개정「현대노예법」은 보고 주체가 법인인 경우, 보고서에 이사회(또는 유사 회의체)에 의한 승인과 이사(또는 그에 상당하는 자)의 서명을 요구하고 있다(제54조 제6항a). 또한 보고서의 승인 및 서명 절차가 적정하게 거쳤는지 불명확한 경우를 고려해서 보고서의 승인일자 및 서명일자를 보고서에 명기하도록 하고 있다. 그리고 개정「현대노예법」은 동일 그룹 내의 하나 이상의 기업이 보고 의무를 지는 경우, 복수 기업에 의한 공동성명 형식의 보고를 인정하고 있다. 구「현대노예법」은 공동성명을 실시하는 기업의 명기를 요구하지 않았으나, 개정「현대노예법」은 동일 그룹 내의 대상이 되는 기업명의 명기를 요구하고 있다.

한편, 개정「현대노예법」에 따라 동법이 의무화하는 보고서의 공표를 기업이 실시하지 않을 경우에 고등법원이 강제집행 명령을 내린다. 이에 따르지 않은 경우에는 법정 모욕죄로서 벌금의 대상이 될 가능성이 있다.[98]

---

98 「현대노예법」제54조 제11항은 정부가 발행한 실무 가이드에 따르면 해당 명령을 따르지 않을 경우에는 법정 모욕죄로서 무제한 벌금의 대상이

2. 프랑스

(1) 「기업실사의무법」의 제정

프랑스에서는 2017년 3월 인권실사 의무에 관한 계획 책정과 실시, 그리고 공개를 기업에 의무화하는 내용의 「모회사 및 발주회사의 주의의무에 관한 2017년 3월 27일 법률 2017-399호(LOI n° 2017-399 du 27 mars 2017 relative au devoir de vigilance des sociétés mères et des entreprises donneuses d'ordre)(이하 "기업실사의무법")」를 제정·시행하고 있다.[99] 「기업실사의무법」은 대상이 되는 인권침해를 명기하지 않고 있지만, 강제노동이나 인신매매에 국한시키지 않고, '인권과 기본적 자유, 인간의 건강과 안전 및 환경'에 대한 위험까지 확대하고 중대한 침해를 방지하기 위한 합리적 조치를 기재하도록 하고 있다. 「기업실사의무법」은 강제노동이나 인신매매에 국한하지 않고 포괄적으로 접근한 최초의 법률로서 국제사회로부터 주목을 받고 있다.

본 법의 대상이 되는 기업은 프랑스에 소재하는 기업으로서 회

된다는 취지로 볼 수 있다.

99 프랑스는 기업윤리에 관한 법 정비를 추진하고 CSR에 대한 정보공개를 2001년의 「신경제규제법」에서 규정하였다. 그리고 2017년에는 인권에 관한 주의의무(Due Diligence)를 「모회사 및 발주회사의 주의의무에 관한 2017년 3월 27일 법률 2017-399호」에서 규정했다.

계연도 종료 시 2년 연속 근로자 5,000명 이상의 기업, 프랑스에 소재하는 기업으로서 회계연도 종료 시 2년 연속 10,000명 이상을 고용하는 기업(프랑스 국내외에 소재하는 간접 자회사의 근로자를 합산)이다.

(2) 「기업실사의무법」의 주요 내용

인권실사 계획에는 위험의 특정, 분석, 우선순위를 정하기 위한 리스크 맵의 작성, 자회사나 계속하여 상거래관계가 유지되고 있는 협력업체 또는 공급자의 사업내용을 정기적으로 평가하기 위한 절차, 위험을 경감하고 중대한 침해를 방지하기 위한 적절한 조치, 기업의 대표적인 노동조합과 협의하여 확립한 위험의 존재 또는 표면화에 관한 경고 발신 및 보고징수의 제도, 실시한 계획의 모니터링과 실효성을 평가하는 시스템을 기재하여야 한다(제1조).[100]

그리고 NGO나 조합 등 이해관계자는 기업이 인권실사 계획을 책정, 공표 또는 효과적으로 실시하고 있지 않다고 판단한 경우, 그 의무를 이행하도록 기업에 최고(催告)할 수 있으며 최고 후 3개월이 경과하여도 이행되지 아니하는 경우에는 관할 법원에 의무의 이행을 신청할 수 있다. 신청을 받은 법원은 기업이 의무를 이행하지 않으면 벌금을 부과할 수 있고 손해의 보상을 명할 수

---

100 프랑스 「기업실사의무법」 제1조.

있다. 당초 법률안이 하원에서 가결된 시점에서는 위반행위에 대해 1,000만 유로에서 3,000만 유로의 민사상 벌금을 정하는 벌칙규정이 있었지만, 2017년 헌법재판소가 위법성이나 벌칙의 정의가 명확하지 않아 헌법 위반이라고 판단함에 따라 벌칙규정이 삭제되었다.

　기업의 인권실사 계획과 그 실시 상황은 「기업실사의무법」에 따라 연차보고서에 공개하여야 한다. 다만 이 법의 대상 기업을 지정한 공적인 목록이 없기 때문에 이해관계자가 각 기업의 인권실사 계획을 확인하고 법률 준수 여부를 감시하기는 어려운 상황이다. 또한 기업이 독자적으로 법률을 해석하여 자사는 공표의무가 면제되거나 공표의무의 대상이 되지 않는다고 판단하여 공표하지 않는 것을 정당화하고 있다.

　이러한 문제점에 대응하기 위하여 프랑스 NGO 단체인 셰르파(Sherpa)가 중심이 되어 법률의 대상이라고 판단되는 기업의 매년 연차보고서를 등록한 데이터베이스를 공개하고 기업의 법률 준수상황을 조사하고 있다. 셰르파의 조사에 의해 법률의 대상이라고 판단되는 263개사 중 맥도날드 프랑스나 유로 디즈니 등을 포함한 44개사가 과거 3년간 법적 의무가 있음에도 불구하고 인권실사 계획을 공표하지 않은 것으로 밝혀졌다.

　따라서 셰르파는 이들 기업에 의한 한정적인 법 해석이나 인권실사 계획에 대한 접근의 어려움을 「기업주의의무법」의 과제로 제기하는 한편 동법의 적용 대상이 되는 기업에 대한 공적 리스트나 기업의 실사계획을 등록한 공적 데이터베이스의 작성·공개를 요구하고 있다. 또한 민사책임소송의 입증 책임을 기업에 전환[101] 하고, 검찰이 주의의무를 게을리한 기업에 의무이행을 최고하며, 이 법의 적용 범위를 확대하여 모든 영리기업에 적용할 것을 제안하고 있다. 나아가 시민사회나 노동조합은 「기업실사의무법」이 적용되는 기업이 명확하지 않다는 이유를 들어 프랑스 정부에 적용 기업의 리스트를 공개할 것을 요구하고 있다.

그러나 실제로 공개된 실사의무 계획에서도 위험에 관한 일반적인 내용밖에 포함되어 있지 않고, 실제로 사업 활동의 어떤 부문에서 현대노예나 아동노동이 존재하는지 불분명하다는 비판도 있다.

3. 독일

(1) 「공급망실사법」의 제정

독일에서는 2021년 6월 「공급망에 있어서 기업의 실사에 관한 법률(Lieferkettensorgfaltspflichtengesetz, LkSG)(이하 "공급망실

---

101 사회가 복잡해지고 고도화됨에 따라 인권침해와 같은 불법행위로 인한 손해배상책임을 피해자에게 맡겨 두기보다는 기업과 같은 가해자가 피해자에게 손해를 끼치지 않았다는 것을 입증하는 것이 필요하다.

사법")」을 제정하여 2023년 1월부터 시행하고 있다. 공급망실사법의 적용 대상은 독일에 거점을 둔 근로자 3,000명 이상의 기업, 또는 독일에 등기를 한 외국기업의 지점이다. 2024년 이후에는 독일에 거점을 둔 근로자 1,000명 이상의 기업 또는 독일에 거점을 둔 외국기업의 지점으로 확대된다(제1조(1)).

(2) 「공급망실사법」의 주요 내용

「공급망실사법」에는 ① 아동노동, ② 강제노동, ③ 노예 및 장시간 노동, ④ 근로자의 안전·건강 등 노동안전위생 관련 의무의 위반, ⑤ 단결권, 단체교섭권, 단체행동권 등 노동기본권의 제한, ⑥ 고용에 있어서의 차별·불평등한 취급, ⑦ 최저임금 미만의 착취, ⑧ 인권침해로 이어지는 토양·수질·대기 오염 등 환경오염, ⑨ 불법적인 토지·삼림 및 수자원의 몰수 등 광범위하다. 나아가 자유권·사회권 규약이나 관련된 ILO조약, 환경 관련 국제조약에 대한 위반도 포함된다(제2조(2)).

　기업의 주의의무로는 공급망 및 자사 사업 활동에서 인권이나 혹은 환경을 특정·평가·방지·시정하기 위한 프로세스의 확립을 요구한다. 환경관련 위험은 ① 수은 첨가제품의 제조 및 폐기물의 부적절한 취급, ② PCB 등 잔류성 유기오염물질의 제조·사용 및 폐기물의 환경상 불건전한 보관·처분, ③ 특정 유해폐기물 등의 수출입 등을 열기하고 있다(제2조(3)).

구체적으로는 인권 및 환경에 관한 리스크 관리를 모니터링하는 책임자의 명확화, 정기적인 인권 및 환경 침해 위험의 분석, 기업과 1차 공급자 간의 인권 및 환경 침해의 예방조치 구축과 실행, 인권 및 환경 침해의 시정조치 책정 및 실시, 불만처리 절차의 확립 및 실행, 2차 공급자의 인권 및 환경 침해에 관한 실시의무의 이해, 연차보고서의 작성 및 감독관청에의 제출이 포함된다. 나아가 특정된 위험의 예방조치로서 조달지침과 실천, 연수, 리스크 베이스의 컴플라이언스 체크, 계약에서의 보증 등을 강구하도록 요구한다(제3조(1)). 여기에 불만처리 메커니즘은 공급망 전체에서 접근이 가능하여야 하며 2차 공급자 이후 인권·환경 리스크가 있다고 판단되면 리스크 조사와 적절한 예방·경감·정지조치를 취하여야 한다. 대상이 되는 기업은 이들 리스크를 특정·대처하기 위해 취한 조치를 정리하여 연차보고서를 발행할 의무가 있다(제8조(1)(2)).

　그리고 기업이 특정한 인권·환경 리스크 또는 인권·환경 관련 의무의 위반, 기업의 실사정책, 기업의 지침, 고충에 대한 대응책을 공개하여야 한다. 기업이 제출한 실사의무의 이행에 관한 연차보고서는 연방경제수출관리청이 심사한다. 기업이 고의 또는 과실로 실사 의무를 위반한 경우, 의무 위반의 내용 및 개별 상황에 따라 80만 유로의 과징금이 부과된다(제24조(2)). 다만, 최근 3년간 글로벌 평균 연간 매출액이 4억 유로를 초과하는 기업이 의무를 위반한 경우에는 글로벌 평균 연간 매출액의 2%를 부과한다

(제24조(3)). 또한 실사의무 위반의 내용이 중대하고 일정금액을 초과하는 과징금이 부과된 기업은 최대 3년간 공공조달에서 제외하는 행정처분의 대상이 될 수 있다. 다만, 「공급망실사법」의 적용 범위에 대하여는 협소하다는 비판이 제기된다.

4. 일본

(1) 「비즈니스와 인권에 관한 행동계획」

1) 제정 배경

일본은 2020년 10월 유엔의 「비즈니스와 인권에 관한 지도원칙」 등을 바탕으로 기업활동에 있어서 인권존중을 촉진하기 위해 「비즈니스와 인권에 관한 행동계획(ビジネスと人権に関する行動計画 2020-2025)」을 공표하고, 관계 부처에서 각 기업에 보급하고 있다. 「비즈니스와 인권에 관한 행동계획」에서는 향후 일본 정부가 추진할 비즈니스와 인권에 대한 각종 시책이 기술되어 있으며 기업활동에 있어서 인권의 특정, 예방·감경, 대처, 정보 공유, 인권 실사의 도입·촉진을 표명하고 있다. 「비즈니스와 인권에 관한 행동계획」을 수립한 이유는 네 가지로 요약되고 있다. 첫째, 국제사회를 포함한 사회 전체의 인권보호·촉진, 둘째, 비즈니스와 인권과 관련된 관계 부처 정책의 일관성 확보, 셋째, 일본기업의 국제

적 경쟁력 및 지속 가능성 확보, 넷째, SDGs 달성에의 공헌이다.

2) 주요 내용

「비즈니스와 인권에 관한 행동계획」에서 모든 분야를 아우르는 공통사항으로는 노동, 아동권리의 보호·촉진, 신기술의 발전에 따른 인권, 소비자의 권리·역할, 법 아래 평등, 외국 인재의 수용·공생을 들고 있다.

그리고 분야별 행동계획을 살펴보면, 인권을 보호하는 국가의 의무와 관련된 정책으로 공공조달, 개발협력·개발금융, 국제교류에 있어서 비즈니스와 인권의 추진·확대, 인권교육 등을 과제로 들고 있다. 특히 인권을 존중하는 기업의 책임을 촉구하는 정책으로 국내외 공급망에 있어서 정책 및 「비즈니스와 인권에 관한 지도원칙」을 바탕으로 한 인권실사의 촉진, 중소기업에 있어서 비즈니스와 인권의 정책에 대한 지원을 들고 있다.

(2) 「공급망에 있어서 인권존중을 위한 가이드라인」

1) 제정 배경

경제산업성은 외무성과 공동으로 「일본기업의 공급망에 있어서 인권에 관한 추진상황의 설문조사(日本企業のサプライチェーンにおける人権に関する取組状況のアンケート調査)」를 실시하였다. 이는 정부 부처에서 일본기업의 비즈니스와 인권에 관한 추진

사항을 최초로 조사한 것이다. 2021년 11월 설문조사 결과, 인권존중에 관한 정책을 추진하고 있지 않은 기업의 절반 정도가 구체적인 추진방법을 모르겠다고 응답하였다.

이에 일본 정부는 기업의 인권정책 추진을 촉진하고자 공급망에 있어서 인권존중을 위한 가이드라인 검토회(サプライチェーンにおける人権尊重のためのガイドライン検討会)를 설치하여 여러 번 검토한 끝에 2022년 9월「공급망에서의 인권존중을 위한 가이드라인(責任あるサプライチェーン等における人権尊重のためのガイドライン)」을 제정·공표하였다.

2) 주요 내용

「공급망에서의 인권존중을 위한 가이드라인」은 유엔지도원칙, OECD 다국적기업 행동지침 및 ILO 다국적기업선언을 비롯한 국제준칙을 바탕으로 기업에 요구되는 인권존중 정책에 대하여 구체적이고 알기 쉽게 해설함으로써 기업에서 인권존중을 실현할 수 있게 정책적으로 제시한 것이다.

(3) 일본의 기업인권과 평가

1) 기업인권 평가

미국과 유럽에서는 인권침해를 억제하기 위한 입법화가 진행되고 있는 데 반해, 일본에서는 기업에 인권정책 추진을 촉구하는 가이드라인을 책정하는 데에 그치고 있다. 일본은 G7국가 중 비즈니스와 인권 분야에서 법제정이 추진되지 않은 유일한 국가로, '인권 후진국'이라는 평가가 있는 만큼 일본 기업의 인권의식도 낮은 편이다.

2) 주요 내용

2018년의 경우, 일본은 현대노예가 생산에 관여한 제품의 수입액이 연간 470억 달러에 달하는데 이는 미국에 뒤이어 세계 2위의 규모다. 공급망에 있어서 강제노동과 아동노동 등 현대노예가 관여한 제품을 대량으로 수입하고 있다. 중국에서 전자기기, 베트남에서 의류, 태국에서 생선, 가나와 코트디부아르에서 카카오, 브라질에서 목재 등을 수입하고 있다.

또한, 일본은 무역에 있어서 인권배려의 시스템이 결여되어 있다. 미국과 유럽 국가들은 개발도상국으로부터 수입할 때 관세를 감면하는 일반특혜관세제도의 적용조건에 아동노동이나 강제노동을 금지하는 조항을 설정하고 있다. 공급망에서 관세 비용은 "관세 3%는 법인세 30%에 상당하다"고 일컬어질 정도로 크게 차지한다. 즉, 개발도상국이 수출할 때에 아동노동이나 강제노동이 없는 것으로 비용을 억제할 가능성이 크다. 하지만 2022년 현재 일본 정부는 이러한 인권배려의 통상적인 룰을 채택하고 있지 않다.

미국 국무성이 매년 발표하는 「인신매매보고서」에서 일본은 미성년 여고생과 성인의 만남을 알선하는 이른바 'JK 비즈니스' 등

성적 착취와 외국인 기능실습제도하에서 강제노동이 지적되었다. 특히 외국인 기능실습생에 대해서는 부당하게 낮은 임금의 지불과 열악한 노동환경, 빚을 안은 상태에서 일하는 채무노동에 대하여 정부의 단속과 예방조치가 불충분하며 이러한 기능실습제도를 악용하는 기업을 강하게 비난하고 있다.

또한 세계경제포럼(WEF)이 2006년부터 발표하고 있는 남녀 격차를 수치화한 '젠더 갭 지수'에서도 일본은 2021년 156개국 중 120위로 하위권이다. 기업의 관리직 남녀 격차는 139위이며, 정치적인 의사결정에 참여도에서는 147위에 머물고 있다.

따라서 일본에서 인권 분야에 더 나은 기업환경을 위해 가이드라인만 제시할 것이 아니라 입법화를 추진하여 인권 침해를 억제하기 위한 노력을 해야 한다.

EU의 법제도

1. 「기업실사지침」의 제정

(1) 제정 배경

2020년 9월 기업과 시민단체 등 26개 단체가 EU 전역에서 인권·환경의 실사 규제를 요구하는 공동성명을 발표했다. 그리고 EU위원회는 2021년 3월 기업의 실사 및 기업의 설명 책임에 대한 내용을 담은 보고서(이하 "기업실사지침")를 채택하였다. 「기업실사지침」은 EU 내외에 설립되어 EU 시장에서 물품 판매와 서비스 제공을 하는 대기업, 상장 중소기업, 고위험 사업을 하는 중소기업을 대상으로 할 것을 제언하였다. 그리고 인권과 환경 등을 존중하고 사업 및 거래관계를 통해 인권에 대한 리스크를 야기하거나 사업자가 가치사슬 전체를 통해 인권과 환경에 미치는 악영향에 대해 설명 책임을 준수하도록 할 것을 담고 있다.

(2) 주요 내용

「기업실사지침」은 인권, 환경 등에 대해 잠재적으로 혹은 사업 관계 거래에서 실제적으로 악영향이 발생할 가능성이 높고 나아가 심각성과 긴급성이 높으며 관련 데이터나 정보로부터 결론에 다다르게 하는 방법론 등을 포함하고 있다. 따라서 사업자는 인권, 환경 등에 대해 잠재적 또는 실제적 영향의 가능성, 중대성, 긴급성을 고려하여 리스크를 기반으로 한 감시가 필요하다. 그리고 지리적인 상황을 포함한 사업의 성질과 상황, 사업자의 업무와 거래관계가 잠재적 또는 실제적으로 악영향을 일으키고 있는지, 기여하고 있는지, 혹은 직접 관련되어 있는지 여부를 특정하고 평가해야 한다. 이러한 과정에서 특정 리스크가 확인된 경우에는 실사 전략을 책정할 의무가 부과된다.

이를 바탕으로 유럽위원회에서 2022년 2월 「기업의 지속 가능한 공급망 실사에 관한 지침(Directive on Corporate Sustainability Due Diligence)(이하 "EU실사지침")」을 채택하였다. 우선 대상 기업은 EU 역내 기업과 EU 역외 기업으로 구분된다. 또한 EU 역내 기업도 두 그룹으로 나뉘는데 제1그룹은 근로자 500명을 초과하고 글로벌 순매출액이 1.5억 유로를 초과하는 기업이고, 제2그룹은 근로자 250명을 초과하고 글로벌 순매출액 0.4억 유로를 초과하는 기업으로서 그 50% 이상이 고위험산업[102]에서 발생하고 있는 기업을 말한다.

---

102   고위험산업에는 섬유피혁분야, 농림수산업분야, 금속분야가 포함된다 (제2조 1항).

한편 EU 역외 기업도 두 그룹으로 나뉜다. 제1그룹은 EU 역내에서 순매출액 1.5억 유로를 초과하는 기업이고, 제2그룹은 EU 역내의 순매출액 0.4억 유로를 초과하는 기업으로서 글로벌 매출액의 50% 이상이 고위험산업의 매출인 기업을 말한다. 그리고 대상이 되는 인권침해는 자사, 자회사 및 사업 관계를 구축하고 있는 밸류체인 기업의 인권 및 환경 리스크이다. 구체적으로 토지로부터 획득한 천연자원을 처분할 권리 및 생존수단을 박탈당하지 않을 권리의 침해, 생명 및 안전에 대한 권리의 침해, 고문 등 금지 위반, 자유와 안전에 대한 권리의 침해, 프라이버시 등에 대한 부당한 개입, 사상·양심·종교의 자유에 대한 개입, 공정하고 양호한 노동조건을 향유할 권리의 침해, 근로자가 적절한 주거에 살 권리의 침해, 아동의 권리침해, 아동노동, 강제노동, 노예, 인신매매, 집회·결사의 자유 위반, 고용에 있어서 평등 위반, 최저임금 위반, 토양·물·공기에 대한 환경악화, 토지·산림·물의 불법적인 접수, 원주민의 권리침해 등이다.

실사 의무의 내용으로는 ① 실사에 관한 기본지침의 책정, ② 인권 및 환경에 대한 실제적 및 잠재적인 악영향의 특정, ③ 잠재적인 악영향의 방지조치, ④ 실제적인 악영향에 대한 시정·정지조치, ⑤ 불만처리절차의 책정 및 실행, ⑥ 실사지침과 그 조치의 실효성에 대한 모니터링, ⑦ 자사 웹사이트에의 연차보고서 공개, ⑧ 실사에 관한 기업행동을 실행하고 감독책임을 지며 악영향을 고려한 기업전략을 채택하기 위한 단계적인 대응을 요구한다(제4조).

한편 이사의 주의의무에 관해서는 경영 판단에서 인권, 기후변화 및 환경영향을 포함한 단기, 중기 및 장기적 지속 가능성에 관한 사항이 고려되도록 보장하고 각국 이사들의 의무 위반에 관한 규제가 적용되도록 요구하고 있다(제25조). 다만, 「EU실사지침」에 대해서는 기업의 책임을 거래처에 전가함으로써 자사의 책임 회피가 될 수 있다는 점, 증거접근의 제한이나 곤란한 입증책임 등의 구제에 관한 장벽이 있거나 구제수단이 불충분하다는 점 등의 우려가 제기되고 있다. 「EU실사지침」은 독일의 「공급망실사법」과 마찬가지로 실사의 대상을 인권·환경 리스크로 폭넓게 확대하고 그 프로세스를 상세하게 규정하고 있다.

따라서 기업은 ① 실사지침을 책정하고 매년 갱신하며 기업지침에 실사를 포함하고, ② 본사와 자회사의 사업 및 공급망에서 '확립된 사업관계'로부터 발생하는 인권·환경에 대한 악영향을 특정하며, ③ 잠재적인 악영향에 대해서는 예방을 위한 적절한 조치를 강구하고 예방이 곤란한 경우에는 악영향을 경감하기 위한 적절한 조치를 강구해야 한다. 또한 ④ 인권·환경에 실제로 악영향이 발생한 경우에는 악영향을 정지시키고 그것이 불가능한 경우에는 악영향을 최소화해야 하고, ⑤ 피해자와 시민단체에 열린 불만처리 매커니즘을 구축하며, ⑥ 본사와 자회사, 공급망에서 '확립된 사업관계'에 있는 사업 및 대응조치의 평가를 적어도 12개월마다 정기적으로 실시해야 한다. 그리고 ⑦ 비재무정보공개 규제

대상이 아닌 기업은 「EU실사지침」이 부과한 의무사항에 관한 연차보고서를 자사의 웹사이트에 게재해야 한다.

또한 「EU실사지침」은 의무의 실효성을 확보하기 위해 회원국에게 감독기관을 지정하도록 지시하고 아울러 감독기관의 대표자로 구성된 EU 감독기관 네트워크를 설치하도록 규정하고 있다. 감독기관은 기업에 대하여 정보제공을 요구하고 조사를 실시하는 등 감독을 위해 필요한 권한과 자원을 가지며, 위반 기업에 대하여 시정조치를 명할 수 있다. 위반기업에 대한 구체적인 제재는 회원국의 입법에 위임하지만, 감독기관에 의한 금전적 제재를 포함하여 효과적인 제재의 필요성을 규정하고 있다. 또한 기업이 잠재적인 악영향의 방지·감경 의무를 게을리하거나 실제적으로 발생하는 악영향의 정지·최소화 의무를 게을리한 결과로 인해 손해가 발생한 경우, 그 기업은 민사책임을 진다.

2. 「분쟁광물규칙」의 제정

(1) 제정 배경

「분쟁지역 및 고위험지역에서 생산되는 주석, 탄탈, 텅스텐, 광석 및 금을 수입하는 EU 수입업체의 주의의무를 부과하는 규정 (Regulation (EU) 2017/821 of the European Parliament and of the

Council of 17 May 2017 laying down supply chain due diligence obligations for Union importers of tin, tantalum and tungsten, their ores, and gold originating from conflict-affected and high-risk areas)(이하 '분쟁광물규칙')」이 2017년 5월에 제정되었다. 이는 분쟁광물과 금속을 EU로 들여오는 수입자에 대한 공급망 실사를 의무화하는 것으로서 2021년 1월부터 시행되고 있다.

(2) 주요 내용

「분쟁광물규칙」은 첨단전자기기, 자동차, 전기제품, 항공기, 건설, 전기, 공업기계 및 보석 등의 생산에 사용되는 주석, 탈탄, 텅스텐 및 금을 분쟁지역 및 고위험지역에서 수입하는 수입업자에게 OECD 분쟁지역 및 고위험지역으로부터 광물의 책임 있는 공급망 확보를 위해 공급업체에 대하여 실사를 실시하도록 규정하고 있다. 이것은 적용되는 원산지에 대해 수입량이 일정량을 초과하는 수입업자만을 대상으로 한다. EU위원회는 「분쟁광물규칙」에 따른 실사정보 등을 제공하고 있으며 대상이 되는 수입업자가 실사 의무를 준수하고 있는지 여부는 감독기관이 확인하며, 위반할 경우의 벌칙은 회원국에 맡겨져 있다.

참고 문헌

1. 김동현, "의무적 인권실사의 해외 입법 동향과 국내 법제화 방안", 서강법률 논총 제11권 제1호, 서강대학교 법학연구소, 2022, p. 128.
2. 김지원·김동훈, "인권 및 노동자 권리 보호를 위한 통상정책의 국제 통상법 적 쟁점 연구: 미국의 '위구르 강제노동 방지법'을 중심으로", 국제법학회논 총 제67권 제3호, 대한국제법학회, 2022, pp. 32-41.
3. 김병태, "기업의 '분쟁광물(conflict minerals)' 사용에 대한 규제의 확대와 입 법적 시사점-미국의 CSR 확대를 중심으로-", 기업법연구 제30권 제3호, 한 국기업법학회, 2016, pp. 237-244.
4. 강영기, "일본에서의 인권존중책임 관련 동향과 기업들의 인권규범 도입", 상사법연구 제40권 제2호, 한국상사법학회, 2021, pp. 140-149.
5. 강영기, "기업의 ESG 경영과 인권-일본의 인권규범 정비동향을 참고로-", 아세아여성법학 제24권, 아세아여성법학회, 2021, pp. 12-17.
6. 권재열, "미국의 민사금전벌 제도에 관한 비교법적 소고-자본시장에서의 불 공정거래행위에 대한 규제와 관련하여-", 법과 기업 연구 제6권 제3호, 서강 대학교 법학연구소, 2016, pp. 101-102.
7. 이창언, "일본 정부의 SDGs 이행 실천 현황과 도전과제", NGO연구 제15권 제3호, 한국NGO학회, 2020, pp. 265-270.
8. 이상수·김종철·지현영, "기후변화 시대의 기업 책임, 공급망 실사법의 활용 과 확장 토론회", 국가인권위원회 발간자료, 국가인권위원회, 2023.
9. 예상준·엄준현·이승래, "수출규제의 경제적 함의와 글로벌 공급망에 미치는 영향에 관한 연구", 정책연구 브리핑 제24권 제23호, 대외경제정책연구원, 2024, pp. 12-16.

10. 이상수, "공급망에서 발생한 인권침해에 대한 법적 규제: 미국 도드-프랭크법 제1502조를 중심으로", 서울대학교 법학 제57권 제3호, 서울대학교 법학연구소, 2016, pp. 139-140.

11. 장혜진·최윤정, "ESG 환경에서의 공급망 실사법", 환경법연구 제45권 제1호, 한국환경법학회, 2023, pp. 270-272.

12. 장민영, "현대판 노예제에 관한 문제점 및 입법적 개선방안 연구", 중앙법학 제19권 제2호, 중앙법학회, 2017, pp. 55-60.

13. 정인영, "미국 행정법의 금전적 제재(Civil Penalty)", 행정법연구 제69호, 행정법이론실무학회, 2022, p. 73.

14. 편제범·김대수·나진성, "EU 공급망 실사법의 이해와 전략적 대응에 대한 고찰", 한국생산관리학회지 제34권 제4호, 한국생산관리학회, 2023, pp. 510-519.

15. 한종규, "기업의 인권경영과 지배구조 개선방안에 관한 연구-세계의 인권경영 법제를 비교하여-", 가천법학 제16권 제2호, 가천대학교 법학연구소, 2023, pp. 111-118.

16. Maren Leifker, "독일 공급망 실사법의 의미와 한계", 국제노동브리프 2021년 11월호, 한국노동연구원, 2021, p. 37.

17. Lucie Chatelain, "기업에 인권 및 환경에 대한 책임을 부과한 프랑스의 실천감독의무법", 국제노동브리프 제19권 제11호, 한국노동연구원, 2021, p. 21.

18. Corporate Human Rights Benchmark, "Corporate Human Rights Benchmark 2022 Insights Report", 2022.

19. Corporate Human Rights Benchmark, "Ensuring corporate respect for human rights: A benchmarking approach", 2021.

20. Corporate Human Rights Benchmark, "2023 Corporate Human Rights Benchmark", 2023.

21. Dupont, V., et al., "A step in the right direction, or more of the same? A systematic review of the impact of human rights due diligence legislation",

Hum Rights Rev 25, 2024, pp. 131-154.

22. Kamala D. Harris, "The California Transparency in Supply Chains Act A Resource Guide, Attorney General California Department of Justice", 2015, pp. 11-20.

23. Koek. M., et al., "Monitoring Forced Labour and Slavery in Global Supply Chains: The Case of the California Act on Transparency in Supply Chains". Glob Policy, 8, 2017, pp. 522-529.

24. Michael Rogerson., et al., "Accounting for human rights: Evidence of due diligence in EU-listed firms' reporting", Critical Perspectives on Accounting, Volume 99, 2024, pp. 1-10.

25. Sandra Cossart., et al., "The French Law on Duty of Care: A Historic Step Towards Making Globalization Work for All," Business and Human Rights Journal, Vol. 2 No. 2, 2017, pp. 321-322.

26. Swann Bommier et al., "Leradar du devoir de vigilance: Identifier les entreprises soumisesàla loi", Edition 2021, pp. 5-8.

27. Swann Bommier et al., "Leradar du devoir de vigilance: Identifier les entreprises soumisesàla loi", Edition 2021, pp. 9-10.

28. Sarfaty. G., & Deberdt. R., "Supply Chain Governance at a Distance", Law & Social Inquiry, 2023, pp. 10-22.

29. THE QUEEN'S SPEECH 2022, 2022, pp. 83-84.

30. World Economic Forum, The Global Gender Gap Report 2022, 2022.

31. 経済産業省, 第1回 サプライチェーンにおける人権尊重のためのガイドライン検討会議事要旨, 2022.

32. 経済産業省, 第2回 サプライチェーンにおける人権尊重のためのガイドライン検討会議事要旨, 2022.

33. 経済産業省, 第3回 サプライチェーンにおける人権尊重のためのガイドライン検討会議事要旨, 2022.

34. 経済産業省, 第4回 サプライチェーンにおける人権尊重のためのガイド

ライン検討会議事要旨, 2022.

35. 経済産業省, 第5回 サプライチェーンにおける人権尊重のためのガイド
ライン検討会議事要旨, 2022.

36. FAR 52.222-50 (h)(3).

37. FAR Subpart 22.5.

38. FAR 22.1503(a).

39. FAR 22.1505.

40. https://www.asso-sherpa.org/third-edition-ofthe-duty-of-vigilance-radar-mcdonalds-lactalis-bigard-adrexo-leroy-merlin-generali-altrad-euro-disney-44-companies-stillbreaking-the-law.

41. https://www.business-humanrights.org/en/latest-news/eu-commissioner-for-justice-commits-to-legislation-on-mandatory-due-diligence-for-companies/.

42. https://obamawhitehouse.archives.gov/the-press-office/2012/09/25/executive-order-strengthening-protections-against-trafficking-persons-fe.

43. https://ec.europa.eu/info/publications/proposal-directive-corporate-sustainable-due-diligence-and-annex_en.

44. https://www.bmwk.de/Redaktion/DE/Gesetze/Wirtschaft/lieferkettens orgfaltspflichtengesetz.html.

45. https://www.business-humanrights.org/en/latest-news/eu-mandatory-due-diligence/.

46. https://www.europarl.europa.eu/doceo/document/TA-9-2021-0073_EN.html.

47. https://ec.europa.eu/info/sites/default/files/1_1_183885_prop_dir_susta_en.pdf.

48. https://eur-lex.europa.eu/legal-content/en/TXT/?uri=CELEX:32017R0821.

49. https://ec.europa.eu/growth/sectors/raw-materials/due-diligence-ready_en.

50. https://www.acquisition.gov/sites/default/files/current/far/pdf/FAR.
pdf.

51. https://www.meti.go.jp/press/2022/09/20220913003/20220913003-a.
pdf.

52. https://www.khan.co.kr/world/world-general/article/201812032200011.

53. https://www.sec.gov/spotlight/dodd-frank/speccorpdisclosure.shtml.

54. https://www.nikkei.com/article/DGXZQOUA105N80Q3A510C2000000/.

55. https://www.dol.gov/agencies/ilab/reports/child-labor/list-of-products.

56. https://www.congress.gov/bill/112th-congress/senate-bill/1039.

57. https://business.nikkei.com/atcl/gen/19/00489/072600001/?P=2.

58. https://www.legislation.gov.uk/ukpga/2015/30/contents/enacted.

59. https://www.legifrance.gouv.fr/jorf/id/JORFTEXT000034290632/.

60. https://www.europe-solidaire.org/spip.php?article52213.

61. https://www.govinfo.gov/app/details/DCPD-201700923.

62. https://crsreports.congress.gov/product/pdf/IF/IF10576.

63. https://home.treasury.gov/news/press-releases/sm1073.

64. https://www.europe-solidaire.org/spip.php?article52213.

65. https://www.mofa.go.jp/mofaj/files/100104121.pdf.

66. https://sanctionssearch.ofac.treas.gov/.

67. https://vigilance-plan.org/search/.

68. https://oag.ca.gov/SB657.

제6장

기업활동과 인권경영의 발전 방안

1. 신뢰 회복을 위한 사실설명과 설득

　기업활동을 하면서 인권침해 문제가 발생하는 기업은 종국에
는 위기를 맞이할 가능성이 높다. 인권과 관련된 기업의 위기란
당해 기업에 대한 부정적인 평판으로 인하여 주가의 하락과 고객
이탈, 거래처로부터의 신용 상실, 근로자의 사기 저하 등으로 기
업가치가 훼손되는 상황을 말한다. 특히 기업에 대한 부정적 평가
는 기업을 둘러싼 주주·투자자·소비자·거래처·근로자 등의 신뢰
를 상실하게 되어 위기상황이 초래될 수 있다. 따라서 기업에서의
위기관리의 본질과 목적은 위기상황을 사전에 방지하거나 직면
한 위기상황에서 신속하게 벗어나는 것이다.
　이를 위해서는 이해관계자의 신뢰 회복이 가장 중요하고, 기업
이 이해관계자의 신뢰를 유지 또는 회복하기 위해서 어떠한 활동
이 필요한지가 중요한 요소가 된다.[103] 기업에서 인권침해 등 불미
스러운 사건이 발생하는 경우, 우선 사실관계를 규명하고, 당해

103　위기상황에서의 기업의 태도는 미래지향적 경영전략의 수립과 주체적
　　　경영활동이 필요하다.

사건이 발생하게 된 원인을 분석하여 그 원인을 제거하기 위한 노력과 재발 방지대책을 수립하고 실행해 나가는 것이 중요하다. 이는 기업이 자체적인 노력으로 해결하고 극복할 수 있는 것으로 외부의 관여나 조력이 없더라도 기업 자체적으로 방향을 설정하고 해결할 수 있다. 또한 당해 사건에 대하여 기업이 이해관계자 등에게 사실을 숨김없이 설명해야 한다. 왜냐하면 사건에 대한 설명이 부족하거나 대응이 없으면 이해관계자 등의 신뢰를 상실하게 되는데 이를 회복하는 것이 매우 어렵게 되기 때문이다. 따라서 발생한 사건에 대하여 기업은 충분한 설명과 함께 성의 있는 대응을 하는 것이 중요하다.

기업인들이 기자들 앞에서 "사건으로 세상을 떠들썩하게 해서 대단히 죄송합니다"라고 사과하는 것이 최대한의 성의라고 오해하는 경우가 많다. 그리고 때로는 해당 기업의 임원들이 고개를 숙이고 때로는 무릎까지 꿇기도 하지만 아무리 머리를 숙이고 사과를 해도 비판은 가라앉지 않고, 오히려 그러한 대응으로 기업의 평판은 더 낮아질 수도 있다. 이러한 사과만으로는 이해관계자의 신뢰를 회복하기가 어렵고 그러한 대응은 오히려 순간적으로 위기를 모면하려는 행동으로 보여질 수 있기 때문이다.

이해관계자가 요구 내지 원하는 것은 언제, 무슨 일이 발생했는지, 발생한 피해는 어느 정도인지, 사건의 발생원인은 무엇인지, 책임의 소재는 어디에 있는지, 현재 어떠한 대책을 강구하고 있는지, 동종의 사건은 발생하지 않았는지 등의 사실에 대한 충분한 설명이다. 따라서 기업은 사실에 근거해서 이해관계자에게 충분한 설명을 하고 제대로 된 대응을 해야 하는데 그렇지 않으면 위기상황의 극복은 불가능하게 된다.

2. 체계적인 사실조사 절차의 정립

사건이 발생하여 위기상황에 처한 기업이 이해관계자에게 사실을 진술하게 설명하는 것도 중요한 부분이지만 무엇보다도 정확한 사실관계를 확인하기 위해서는 우선 조사가 선행되어야 한다. 위기관리만으로는 모든 사실관계를 파악하는 것이 어렵고, 실무상으로도 처음부터 사건의 모든 부분을 알고 있는 경우가 드물다. 사건의 실체가 드러나는 것으로 위기가 진행되는 것이 아니며 오히려 실체를 파악할 수 있는 정확한 사실조사를 하는 것이 위기관리의 핵심이라고 할 수 있다. 따라서 기업이 어떻게 사건을 인지하고 위기관리를 하는지에 대한 프로세스(단서), 어떤 일이 발생했는지 조사하고 사실관계를 파악하는 프로세스(조사), 발생한 사건이 어느 정도로 기업에 영향을 미치는지 평가하는 프로세스(평가), 대응 방안을 이행하는 프로세스(대책) 등 위기관리의 단계별 프로세스가 필요하다.

(1) 제도적 장치의 마련

구성원들과의 의사소통이 제대로 이루어지지 않은 경우에는 사실조사를 위한 단서를 발견하기가 어렵고, 기업의 현장에서 '잘못되었다, 이상하다'라는 의견이 나오지 않으면 위기관리는 시작되지 않는다. 내부적으로 소통이 원활하지 않아 어느 날 언론보도나 인터넷 등에서 당해 기업에 대한 기사가 나오는 것을 보고서야 비로소 구성원들이 사실을 알게 된다면 위기관리는 애당초 실패한 것이라고 할 수 있다. 따라서 인권침해 사건이나 내외부의 나쁜 소문이야말로 상사에게 신속하게 전달되어야 하고, 그것이야말로 위기관리가 제대로 기능하는지 알 수 있는 가늠자가 된다.

내부신고제도는 사건 초기에 단서를 포착하는 데에 효과적으로 많이 활용되지만, 내부신고제도를 두기만 한다고 해서 저절로 사건의 정보를 입수할 수 있는 것은 아니다. 내부신고자에 대한 보호조치 시스템이 구비되어 있어야 하고, 내부신고제도 자체에 대한 신뢰를 확보하기 위한 제도적 장치와 이러한 사실이 구성원들에게 공지되어 있어야 비로소 내부신고제도가 그 기능을 제대로 할 수 있다. 내부신고제도를 통해 사건에 대한 정보의 단서를 획득할 수 있는지 여부는 결국 당해 기업의 내부 문화와 관련이 있다. 구성원들과 의사소통이 원활한 기업 풍토에서는 정보의 단서를 수월하게 획득할 수 있겠지만 그렇지 않은 기업에서는 사건의 단서를 포착하기가 어렵기 때문이다. 결국 의사소통이 원활한 기업 문화와 풍토를 조성하기 위해서는 경영진이 지속적으로 노력하여 구성원의 신뢰를 얻을 수 있도록 해야 한다.

(2) 전문가에 의한 조사

기업은 위험성에 대한 사실관계를 파악할 때 철저하게 하지 않고 회피하려는 경향이 있다. 예컨대, 어떤 사업부에서 10억 원의 횡령 사건이 발생된 경우 범죄행위자인 A를 징계처분하거나 형사고소 또는 고발하게 되는데 사실 10억 원의 횡령은 빙산의 일각일 수도 있다. A가 횡령한 금액은 10억 원이 아니라 100억 원일 수도 있고, 회계가 부실해서 A뿐만 아니라 다른 여러 명의 횡령범이 있을 수도 있다.

이러한 경우에 사업부에서는 부정적인 부분은 가급적 회피하고자 하는 경향이 있어 피해조사가 충분하게 이루어지지 않고 단순히 10억 원의 횡령 사건으로 종결될 수 있다. 또한 성희롱이나 성적 지향을 이유로 차별이 발생하였을 때 기업이 과소 판단을 하거나 회피를 하는 경우도 있다. 나중에 큰 범죄로 밝혀지거나 비리를 간과한 사실이 드러나더라도 이미 수습할 수 있는 시기를 놓치는 것이다. 따라서 횡령 사건이 일어나거나 성차별이 발생한 사업부에서 자체적으로만 조사할 것이 아니라 감사부서 등 제3자의 입장에서 전문가에 의해 조사하는 제도적 장치를 마련해야 한다. 나아가 중대한 사안으로 확장될 가능성이 있는 경우에는 내부 또는 외부의 전문가에게 조사를 맡기는 것이 필요하다.

(3) 객관적인 평가 기준

조사에 의해 파악한 사실이 기업에 대해 어느 정도의 리스크가 될 것인가에 대해 평가해야 한다. 이때 평가의 기준이 회사의 입장이나 논리를 우선하거나 기업에서 통용되는 관행에 따르는 경우에는 문제가 생길 수 있다. 예컨대, 어떤 유명한 식당에서 일반 대게를 박달대게라고 표시해서 판매하였고, 일반 대게를 박달대게라고 칭하는 것이 업계에서의 관행이라고 했을 경우, 맛에도 큰 차이가 없고 그것은 다른 식당이나 업체에서도 그렇게 판매하고 있기 때문에 '별것도 아닌데 오히려 부정한 판매라고 떠드는 것이 이상하다'라고 생각할 수 있다. 그러나 이해관계자의 입장에서는 허용될 수 없는 사기 영업행위로 받아들일 수 있다.[104]

다른 사례로 보험금 미지급과 관련하여 보험업계에서는 '청구주의'가 원칙이고 청구하지 않는 한 보험금을 지급할 필요가 없는 것이 관행이다. 이해관계자인 계약자가 보험의 구체적인 내용을 상세하게 기억하지 못하고 있을 경우, 계약의 내용을 충분히 알고 있는 보험회사에서 굳이 고객에게 보험금을 청구하도록 종용하지 않는데 이는 보험회사가 기업으로써 고객에게 치사한 행위를 하는 것으로 평가될 수 있다.

기업이 이해관계자의 신뢰를 상실하지 않으려면 기업의 논리나 업계의 관행에 따라 어떤 사실을 판단할 것이 아니라 이해관계자의 입장에서 판단해야 할 것이다. 따라서 위기관리에 있어서 위

---

104 이러한 상표사기는 적은 비용과 노력으로 상대적으로 많은 수익을 얻을 수 있기 때문이다.

험평가는 회사의 눈높이가 아니라 이해관계자의 눈높이에서 이루어져야 하고, 기업의 경영진은 내부에서의 상식이 이해관계자들에게는 상식이 아닐 수 있다는 점을 염두에 두고 위기관리에 임해야 한다.

(4) 대처방안

기업에서 인권침해와 같은 사건이 발생하게 되면 신속하고 과감하게 대응하는 것을 망설이는 경우가 있다. 대응을 망설이게 되면 소극적인 대책을 함으로써 해결이 늦어지는 사례가 많이 생겨나는데 순차적인 대응은 사건을 해결하는 데 실패하는 전형적인 패턴이라고 할 수 있다. 따라서 위기관리는 비상사태에 대응하는 것이므로 경영진이 주도하여 단호하고 신속하게 이행해야 하고, 경영자원[105]의 지출도 망설이지 않아야 한다.

이상에서 설명하고 제시한 위기 해결 방법과 성공적인 대응의 기본지침을 정리하면 다음과 같다. 우선 사건의 초동 단계에서 독립적인 사내외의 전문가에 의한 신속하고도 공정하고 철저한 조사가 필요하다. 사실조사에 대한 평가를 할 때에는 이해관계자의 의견을 충분히 반영할 것이 요구된다. 이를 위해서는 기업 외부의 인재를 적극적으로 등용해야 하고, 필요한 경영자원을 투입하여 전력으로 대응하는 자세가 필요하다.

---

105 특히, 경영자원은 기업의 생존과 직결되어 있다.

3. 인권침해의 원인규명 방법의 개선

인권침해의 근본적인 원인에 대하여 제대로 규명하지 않으면 그 기업의 위기상황은 반복될 수 있다. 위기상황을 인지한 기업은 사건의 실태를 규명하기 위한 조사를 실시해야 하는데 조사의 목적은 근본 원인을 파악하여 실효성 있는 재발 방지대책을 수립하고 실행하는 데 두어야 한다. 만일 원인이 되는 사건의 배경을 제대로 검토하지 않고 형식적인 조사 결과에 따라 재발 방지대책을 강구한다면 향후 동일한 원인에서 기인한 유사한 다른 인권침해 문제가 발생하게 될 수 있다.

따라서 사건의 원인 규명은 필요 충분한 조사범위를 설정하고, 표면적인 현상이나 인과관계의 열거에 그치지 않고 발생 배경 등을 규명하면서 사실을 인정하고 그것을 토대로 재발 방지대책을 강구해 나가야 한다. 기업에서 인권침해 사례가 발생하면서 기업에 관련 위원회를 설치하고 있지만 그 위원회가 인권침해의 근본 원인을 규명하려는 의지가 확고한지는 알 수 없다. 예컨대, 인권침해 사건의 원인으로 기업 컴플라이언스(Compliance)의 약화를 생각할 수 있다.

컴플라이언스에 대한 인식[106]이 둔화되면 위기상황이 발생하게 되는데 컴플라이언스에 대한 인식 둔화 자체만으로 인권침해

---

106 컴플라이언스는 윤리기준, 문화규범, 법령 등과 일치하는 기업의 영업 관련 행위규범이다.

의 원인을 규명한 것으로 볼 수 없다. 오히려 왜 컴플라이언스에 대한 인식이 둔화되었는지, 어디서 기인하고 있는지 등을 더 자세하게 규명하는 것이 핵심적인 과제이다. 이를 위해서는 경영진이 과거에 어떠한 태도로 컴플라이언스에 임하고 있었는지, 그러한 태도는 어디에서 기인한 것이었는지, 혹은 지금까지의 컴플라이언스 대책에 어떤 문제가 있는지 등의 깊이 있는 조사가 필요하다.[107]

반대로 지금까지 도입되어 컴플라이언스 정책을 계속 수행해온 것에 함몰되어 본래의 업무에 시간을 할애할 수 없는 경우나 재발방지 대책을 제시하더라도 사기가 떨어져서 그 컴플라이언스를 경시하는 풍조를 조장하는 경우 등의 미흡함을 지적할 수 있다. 이러한 경우가 인권침해 사건의 근본적인 원인에 대한 재발방지 대책을 저해하는 요인이 된다. 따라서 근본적인 원인의 규명을 위해서는 충분한 조사가 가능하도록 최적의 조사 체제를 구축하는 동시에 적절한 조사환경을 정비하는 데에 노력해야 한다. 나아가 독립적인 임원을 포함한 적격자가 솔선수범하여 기업의 자정을 위해 힘써야 한다.

조사 체제를 구축하기 위해 중립성, 전문성을 중시하여 사내의 임직원과 함께 변호사나 수사기관 경험의 보유자 등 외부의 전문가로 구성하는 방법이 있는데, 사안의 성질과 중대성에 따라 적합

---

107 이러한 조사는 개선과 발전 능력, 부정행위 조사, 모든 근본적인 위법행위에 대한 분석과 개선조치 등이 가능한지를 염두에 두어야 한다.

한 체제를 선택하면 된다. 특히 기업의 내부에서 처리하기 위해 객관적·중립적인 외부 전문가의 영입을 미흡하게 하여 위기관리에 실패하는 사례가 많다는 점을 고려한다면 기업에서 적극적으로 외부 전문가의 투입을 추진하는 것이 바람직할 것이다.

인권실사와 커뮤니케이션의 활성화

일반적으로 실사(Due Diligence)의 의미는 자신이나 타인, 재산 등을 안전하게 지키기 위해 사람들이 취할 것으로 기대되는 합리적인 조치를 말한다. 특히 기업에서 인권실사의 의미는 인권에 부정적인 영향을 미치지 않도록 주의하고 노력하는 기업의 의무라고 할 수 있다. 통상적으로 기업의 리스크 관리나 컴플라이언스에서는 기업의 리스크 문제로 인해 그 대응을 검토하는 것이다.

한편 인권실사에서는 기업 측의 리스크가 아니라 이해관계자의 인권을 침해하는 리스크가 있는지 여부가 더 중요한 문제가 된다. 기업에서는 이러한 리스크가 인권에 부정적인 영향을 미친다는 사실을 특정하여, 어떻게 대처할 것인지에 대한 판단과 책임을 다하기 위해서 인권실사를 하는 것이다. 여기에는 실제적 또는 잠재적인 인권에 대한 영향을 고려하여 평가하고 그 결론을 실행하여 반응을 검증하는 것을 포함한다.

따라서 인권실사는 거래관계에서 상품 또는 서비스에 직접 관계되거나 기업활동을 통해서 야기되거나 조장되는 인권의 부정적인 영향을 대상으로 해야 한다. 하지만 인권의 부정적인 영향에 대한 리스크와 기업의 규모 또는 사업의 성격이나 상황에 따라 차이가 있으므로, 기업활동의 진전에 따라 인권 리스크도 변할 수 있다는 사실을 인정하는 토대에서 인권실사가 진행되어야 한다.

기업이 인권실사를 완벽하게 수행한다는 것은 사실상 어려운 일이다. 그리하여 인권실사의 프로세스에서 가능한 것과 불가능한 것을 구분하는 것이 필요하다. 불가능한 것은 어떠한 이유에서 대응이 곤란한지 검토하고, 효과적으로 대처하기 위하여 노력하는 자세를 보여 주는 것이 이해관계자의 신뢰를 얻을 수 있는 방법이다. 따라서 기업은 인권실사와 관련하여 기업활동에 대한 평가, 악영향에 대한 조치, 추적 모니터링, 외부와의 커뮤니케이션[108]에 대한 개선 대책을 검토하고 발전 방안을 제시해야 한다.

1. 인권영향 평가방법의 개선

(1) 부정적인 영향의 특정과 분석

기업에서의 인권실사는 기업활동이 어떤 이해관계자에게 부정적인 영향을 어떻게 미치고 있는지 특정하고, 평가하는 것이다.[109]

---

108 기업들은 위기가 기업에 미치는 영향을 인식하고 있지만, 위기상황에 대한 커뮤니케이션이 부족하다.

109 인권에 대한 영향 평가는 인권에 대한 관심을 높이고 구성원들의 인권 감수성을 고취할 수 있다.

여기에는 부정적인 영향이 얼마나 중요한 의미를 가지고, 어느 정도의 발생가능성이 있는지를 포함해야 한다. 그리고 우선적으로 부정적인 영향을 특정해야 한다. 기업의 이해관계자는 근로자, 고객, 거래처, 주주, 투자가, 지역사회 등으로 다양하다. 그래서 기업활동이 이해관계자에게 어떠한 영향을 야기하거나 조장하는지 특정하는 것이 필요하다. 나아가 거래관계의 결과로 실제적으로나 잠재적으로 인권에 부정적인 영향을 미치고 있는지 여부도 특정할 필요성이 있다.

그러나 다양한 기업활동에서 어떠한 종류의 활동이 인권에 영향을 미치고 있는지, 어느 정도로 중요한지, 어느만큼 발생 가능성이 있는지를 특정하는 것은 어려운 문제라 할 수 있다. 왜냐하면 기업의 규모나 사업의 성격, 처한 상황에 따라 이해관계자가 다양하고, 기업활동은 복잡하기 때문에 부정적인 영향을 특정하는 것이 현실적이지 않을 수 있다. 다만 이해관계자와의 대화나 조사 등을 통해서 유익한 정보를 얻을 수 있다. 또한 과거에 당해 기업에서 발생한 손해배상 청구내역이나 그 밖에 기업이 인권침해를 야기하여 문제가 되었던 사안 등을 참조하고, SNS나 뉴스 등의 정보를 수집하여 당해 기업에 예상되는 리스크를 검토하고, 해소해 나가는 것이 필요하다.

(2) 우선순위의 설정과 상황 변화에 대응

인권영향 평가에서 우선순위를 정하는 것은 중요한 과제이다. 예를 들면, 당해 기업이 직접 관계하고 있는 1차 공급망부터 2차, 3차 공급망에 대한 인권 리스크의 우선순위를 정하는 것이다.[110] 또한 인권 리스크가 높은 국가에서는 인권침해 문제가 발생할 가능성이 높아진다는 점을 주의해야 한다. 그리고 인권의 상황은 항상 변화하기 때문에 인권에 대한 영향 조사와 평가는 정기적으로 행해져야 한다. 인권 리스크는 사업에서 신시장으로 진입, 신제품의 판매, 사업지침의 변경이나 사업환경의 변화에 따라 새로운 형태로 발생할 수 있고, 합병이나 매수를 통해서 승계될 수도 있다. 따라서 이러한 사업상 환경변화에 따라 인권침해가 우려되는 경우에 인권실사가 필요하게 된다.

(3) 평가의 한계 극복과 관련 부서의 협조

기업 내에서 인권실사는 CSR이나 SDGs 관련 부서에서 담당하는 경우가 많다. 하지만 CSR이나 SDGs 관련 부서는 현장과 직접적으로 관련되어 있지 않기 때문에 적절한 평가나 운용에 한계가 있다. 따라서 고객에 대해서는 영업부나 소비자센터, 경영 전반에 대해서는 경영관리부 등 각각 밀접하게 관련되어 있는 부서가 1

---

110 왜냐하면 공급망에는 산업 환경, 국가, 시장, 소비자가 포함될 뿐만 아니라 조직의 영향 범위, 구성 요소 등 공급망 정책에 따라 잠재적 성장 요인과 위험요인이 다발적으로 포함되어 있기 때문이다.

차적인 인권영향 평가를 수행하여 CSR 부서와 협조하는 것이 적절하다.

2. 인권에 대한 부정적 영향의 예방과 감소 노력

(1) 인권에 대한 부정적 영향의 예방과 감소

기업에서의 인권실사는 프로세스에 반영함으로써 인권에 대한 부정적 영향을 방지하여 예방하고 감소하도록 하는 조치이다. 기업활동을 평가하여 부정적 영향을 미치는 활동이 특정된다면 그 영향을 방지 및 감소하기 위해 전 부서에 프로세스를 적용하는 등의 적절한 조치가 이루어져야 한다. 그리고 인권에 대한 부정적 영향이 특정되었다면 그것에 대응할 수 있는 부서에 부정적 영향을 방지 및 감소하도록 책임을 부여해야 한다. 그와 함께 현장에 직접 관련하고 있는 부서나 적합한 부서가 CSR 부서와 협조하여 효과적으로 대처하는 체제를 구축해야 한다. 이 경우에 인권실사의 프로세스에 새로운 비용부담이 발생할 수 있으므로 기업내부의 의사결정이나 예산배분, 대책의 집행을 감사하는 프로세스를 제도화해 나가야 한다.

(2) 신속한 리콜 판단과 조치

기업에서 이해관계자의 인권에 대한 부정적 영향이 발생되는 경우에 기업에서는 부정적 영향을 차단하고 방지하는 조치를 해야 한다. 예를 들면, 당해 기업의 제품이나 서비스가 이해관계자의 인권을 침해하고 있다는 사실을 알고 있지만 그것을 방지하지 못하는 경우에는 제품이나 서비스의 판매 중지 등을 결정하고 리콜 등의 조치를 취해야 한다.[111] 또한 신규 사업이나 새로운 시장에 진입하는 경우에도 이해관계자의 인권에 부정적 영향이 발생할 가능성이 있다면 신규 사업이나 새로운 시장의 진입을 취소하는 등의 조치가 있어야 한다.

(3) 관련 기업에 시정 요구

기업활동이 이해관계자의 인권에 부정적 영향을 미치지 않더라도 간접적으로 영향을 조장하는 경우에는 기업이 그것을 방지하는 조치를 해야 한다. 직접적으로 부정적 영향을 미치고 있는 다른 기업에 그 행위를 멈추게 할 수 있는 영향력이 있다면 부정적인 영향을 감소시키거나 방지를 할 수 있다. 예컨대, 시정을 위한 인센티브를 제공하거나 다른 기업과 협력하는 등의 노력이 필요하다. 그래도 시정되지 않는 경우에는 당해 기업이 부정적 영향을 미치는 데 가담하고 있다고 의심을 받게 될 위험성이 있다. 그렇게 된다면 당해 기업은 법적인 위험이나 부정적 평가의 위험을

---

111   기업은 자사의 이미지 실추를 우려해서 리콜을 꺼리는 경우가 있다.

감수하게 되므로 그러한 위험을 해결하기 위해서 거래관계의 종료까지도 고려할 필요가 있다.

한편 당해 기업과 다른 기업의 활동으로 발생하게 되는 누적된 영향의 경우에도 동일한 대처가 필요하다. 당해 기업에서 우선 시정조치를 하고 다른 기업에 대해서도 시정 조치를 요청함으로써 부정적 영향을 해소할 수 있도록 해야 한다. 이는 당해 기업만의 노력으로 시정 또는 해소될 수 있는 것이 아니므로 다른 우호적인 기업과 협력하여 요구하는 등의 방법으로 부정적 영향을 감소해 나가야 한다.

3. 외부와 커뮤니케이션 강화

기업이 인권침해에 대처하는 방법 중 하나로 외부와 지속적으로 커뮤니케이션을 강화하는 것이 필요하다. 특히 영향을 받는 이해관계자나 그 대리인이 우려를 표명하는 경우에는 더욱 커뮤니케이션을 강화해야 한다. 기업은 사업이나 사업환경으로 인권에 심각한 영향을 미칠 위험이 있는 경우에 어떻게 대처할지 공식적으로 보고해야 한다. 그와 동시에 영향을 받은 이해관계자나 근로자의 활동상의 비밀을 유지하기 위한 정당한 요구에 제약을 두어서는 안 된다.

이는 기업이 실시하는 인권실사의 프로세스에 대해서 이해관계자에게 설명의 책임을 다하기 위해 외부에 정보를 제공하는 것이다. 이를 토대로 인권에 부정적 영향을 미치는 위험이 있는 경우에 기업은 어떻게 대처하고 실제로 영향을 어떻게 평가했는지, 인권침해 위험을 인식하고 있는지, 그래서 어떠한 조치를 강구했는지 등에 대해서 구체적으로 정보를 제공하고 공표하여 갱신해 가는 것이 필요하다.

제3절 인권침해의 사전방지와 제도적 장치

1. 인권보호지침의 공표

　인권침해를 사전에 방지하기 위해서는 우선 인권존중에 대한 규정을 마련하여 공표하는 것이 중요하다. 일반적인 인권지침으로는 인권존중에 대한 기본적인 사고, 법령의 존중, 인권지침의 적용 범위, 구제 시스템, 이해관계자와의 커뮤니케이션, 인권존중의 인식을 정착하기 위해 추진하고 있는 시스템, 기업 내에서의 지속적인 교육의 실시 등이 있다.

　이것은 기업이 인권을 존중해야 할 책임을 이행하고 있고 인권지침을 준수하겠다는 강력한 실천 의지의 표명이다. 따라서 인권지침을 기업 전체에 정착시키기 위해서는 필요한 사업지침과 절차에 반영해야 한다. 우선, 기업이 인권을 존중할 책임을 다하고, 인권존중의 문화를 정착시키기 위해서는 사내 또는 사외의 전문가로부터 견해를 듣고 조언을 받아서 기업의 경영진은 인권지침을 승인해야 한다. 또한 근로자와 거래처, 제품이나 서비스에 직접 관련하는 다른 관계자에 대해서도 기업이 가지는 인권에 대한 기대가 반영되어야 하고, 이러한 사실이 일반인뿐만 아니라 모든 근로자와 거래처, 다른 관계자에게도 공지해야 한다.

2. 불만처리 시스템의 구축과 정비

(1) 불만처리 메커니즘의 본질

기업활동에 따라 적절한 수준의 불만처리 메커니즘을 구축·정비하는 것은 이해관계자뿐만 아니라 기업의 브랜드 구축과 유지, 강화의 필요성 측면에서도 기업에 장점으로 작용한다.[112] 기업은 불만처리 메커니즘을 통해서 이해관계자의 우려를 초기에 특정함으로써 나중에 기업에 더 큰 손해를 끼치는 심각한 상황으로 발전하는 사태를 예방할 수 있다.

기업은 불만처리 메커니즘을 정비함으로써 근거가 확실한 고충에는 공평하고 정확하게 대처하는 한편, 실체가 없는 불만에 대해서는 안이하게 타협하지 않는다는 것을 대외적으로 명시하는 것이다. 나아가 기업은 불만처리 메커니즘을 통해서 근로자와 거래처, 지역주민 등 이해관계자의 의견을 존중하는 커뮤니케이션을 지속적이고 성실하게 실시함으로써 이해관계자로부터 신뢰를 얻을 수 있고, 사업에 대한 지지도 가능하게 된다.

---

112   이러한 불만처리는 공정한 지각을 바탕으로 처리해야 하며, 이는 기업의 신뢰로 이어질 수 있다.

이는 기업경영의 지속 가능성을 높이고 경제적 이익을 포함한 중장기적인 기업가치를 유지·창조하게 한다. 최근 사회·환경 문제의 심각화와 기업활동의 사회적 영향력 증대 및 그에 따른 기업의 사회적 책임의 중요성에 대한 사회적 인식은 2019년 말부터 시작된 COVID-19의 세계적 팬데믹으로 인하여 심화되었다고 볼 수 있다. 이러한 영향으로 기업활동에 대한 거래처나 소비자의 눈높이가 더욱 높아지고 있으며 기업 브랜드의 구축과 유지, 강화는 기업의 중요한 사업과제가 되고 있다.

(2) 불만처리 시스템의 정비 방안

불만처리 메커니즘은 이해관계자가 이를 인지하고 신뢰하며 이용할 수 있는 경우에 그 목적을 달성할 수 있다. 이와 반대로 빈약하게 설계 또는 수행된 불만처리 메커니즘은 이해관계자들이 메커니즘으로 인해 자신들의 힘이 약화 내지 경시되었다고 생각할 수도 있다. 따라서 기업은 불만처리 메커니즘의 구축이나 정비에 다양한 요건들을 충족하는 형태로 적절하게 설계해야 한다.

대부분의 기업들은 내부신고제도나 클레임 처리제도를 이미 구축하고 있다. 이는 기업의 불만처리 메커니즘의 일종으로 평가할 수도 있으나 불만처리, 문제해결 제도가 이용자와 기업활동 내에 있는 관계자를 포함하여 다양한 이해관계자까지 넓게 고려하고 있는 데에 반해서 내부신고제도나 클레임처리 제도의 이용자는 기업의 임직원, 소비자에 한정되어 있는 것이 일반적이다. 또한 내부신고제도나 클레임처리 제도의 대상이 되는 내용은 법령이나 사내 규범의 위반, 상품과 서비스의 품질이나 내용의 문제로 한정되어 있는 것이 일반적이라고 할 수 있다.

불만처리의 메커니즘은 기업의 기존의 내부신고제도나 클레임처리 제도와 달리 독립된 전문가들이 적극적으로 참여하여 문제해결을 도모함으로써 기업과 이해관계자 사이의 상호 이해와 대화의 폭을 넓혀 나가고 기업의 불만처리와 문제해결의 실효성이 제고되어 피해자의 실효적 구제가 이루어지도록 정비되어야 한다.

(3) 불만처리 절차의 실효성 제고

불만처리의 절차는 초동 단계에서부터 불만에 대한 대처가 이루어져야 피해자에 대한 직접적인 구제가 가능하고, 부정적 영향을 받는 개인이나 지역사회를 위해 기업의 실효적인 사업활동이 가능하다. 다만 실효성을 확보하기 위해서는 정당성과 예측, 평등, 투명성의 관점에서 불만처리 절차가 시행되어야 한다.

우선 이용자인 이해관계자와 지역사회, 기업 내부로부터 신뢰받기 위해 불만처리의 공정한 수행에 대한 정당성이 필요하다. 둘째, 이용자인 이해관계자와 기업 모두에게 인식되고, 접근성에 있어서 모든 사람에게 적절한 지원이 제공되어야 한다. 셋째, 각 단계에서 예상되는 처리시간과 명확한 절차의 수립, 이용 가능한 프로세스의 명확한 규정 등으로 예측 가능성을 높여야 한다. 넷째, 불만처리 프로세스에서 필요한 정보, 조언 및 전문지식의 정당한 접근이 가능하도록 평등성이 유지되어야 한다. 마지막으로 불만 당사자에게 정보를 계속적으로 알려 그 실효성에 대한 신뢰를 높이고 위기에 처한 공동의 이익을 지키기 위해 메커니즘에 대한 충분한 정보를 제공해야 한다.

불만처리 메커니즘은 많은 기업에서 이미 시행하고 있는 내부 신고제도와는 달리 기업의 내부관계자뿐만 아니라 기업과 관련된 이해관계자 모두를 대상으로 해야 한다. 또한 불만처리를 대응할 때 사회상식에 비추어 상대의 요구에 대한 타당성 여부는 사내의 판단보다는 외부의 전문가나 제3자에게 의견을 구하여 적절하게 대응하는 것도 중요하다. 다만 불만에 대응할 때 곤란한 위치에 있는 상대, 즉 위로부터의 대응은 문제를 악화시킬 가능성이 있으므로 주의가 필요하다.

3. 제3자 위원회의 설치

(1) 위원회의 기능

기업이 위기상황을 벗어나 기업가치를 회복하기 위해 사실관계와 근본 원인을 규명하고 재발 방지대책을 실행함으로써 이해관계자의 신뢰를 회복하는 것이 필수적이다. 그러나 심각한 사건으로 신뢰성을 상실한 기업은 스스로 사실조사를 통하여 원인을 규명한다 할지라도 그 조사 결과에 대해 이해관계자의 신뢰를 받지 못할 수 있어서 중립이고 객관적인 입장의 제3자 위원회가 필요하다. 제3자 위원회는 기업이 설치하는 것이지만 이해관계가 없는 순수한 외부 전문가로 구성된 조사위원회로, 제3자 위원회에서는 기업으로부터 독립된 장소에서 공정하고 객관적으로 사실조사를 실시하여 원인을 규명하게 된다. 그리고 기업은 제3자 위원회의 조사 결과를 수용함으로써 자정작용을 발휘하고 이해관계자의 신뢰를 회복하여 위기를 극복할 수 있게 된다. 이것이 바로 제3자 위원회에 의한 위기관리의 기능이라고 할 수 있다.

(2) 제3자 위원회의 기능화

제3자 위원회는 사실관계를 규명하는 것이 목적이기 때문에 제3자 위원회에 의한 사실조사는 경영진의 법적 책임을 추궁하기 위한 조사와는 다르다. 제3자 위원회에 의한 조사의 목적은 위기를 초래한 기업의 풍토나 조직의 문제까지 조사하여 근본 원인을 규명하고, 재발 방지를 도모하는 데 있다. 다만, 법률적 요건에 구속되는 사실인정에 있어 실태를 파악하기에 너무 제한적이어서 목적을 달성하기가 어렵다. 또한 기업이 위기에 처한 경우에 경영진은 자신의 관여나 책임이 있는 경우는 물론이고 그렇지 않더라도 가능한 사태를 축소하려는 심리가 작용한다.

따라서 제3자 위원회는 경영진으로부터 독립하여 문제의 근본적인 원인에 접근할 수 있고 본질적인 문제를 해결할 수 있다. 나아가 제3자 위원회는 이해관계자에 대한 설명책임과 신뢰 회복에 목적이 있는 이상, 조사 결과를 반드시 공표하는 등 제3자 위원회의 기능화가 이루어져야 한다.

(3) 제3자 위원회의 역기능 방지

제3자 위원회를 설치했더라도 사실조사나 원인 규명에 소홀하여 오히려 상황을 악화시키는 이른바 제3자 위원회의 역기능의 사례도 있다. 이는 제3자 위원회라고 하는 형식을 가지고 불충분한 조사로 객관성과 중립성의 모양만 갖추는 것이다. 이렇게 제3자 위원회의 역기능이 발생하는 큰 원인은 제3자 위원회 내부의 인식에서 기인한다. 제3자 위원회의 위원으로는 통상적으로 전문가가 내정되는데 위원이 되는 전문가가 종래의 전통적인 업무의 개념에 사로잡혀 일을 하는 경우에 제3자 위원회의 역기능이 발생하게 된다.

예를 들면, 제3자 위원회에 변호사가 참여하는 경우 종래의 변호사 업무는 주로 형사사건의 변호, 민사소송의 대리나 고문 업무이다. 기업에서 변호사에 대한 직접 의뢰자는 대표 이사이므로 변호사는 의뢰자의 의사에 따르는 것이 당연하고, 대표에 대한 불리한 사실을 알게 되더라도 이를 공표하는 것은 변호사 윤리에 위배될 수 있다. 이러한 전통적인 변호사 업무의 개념에 근거하여 활동하게 되는 제3자 위원회는 경영진의 부정행위를 공표할 수 없게 된다.

그러나 제3자 위원회의 진정한 의뢰자가 누구인지 여부는 기업이 누구의 것인가 하는 본질적인 문제를 생각해 보면 된다. 기업은 경영진의 사유물이 아니고 기업을 소유하는 것이 주주이며, 기업가치란 이해관계자의 이익의 총체이다. 나아가 기업은 주주만의 것이 아니며 여러 다양한 이해관계자를 위한 사회의 공적 존재로도 볼 수 있다. 따라서 제3자 위원회의 목적은 위기로 훼손된 이해관계자의 이익 회복이므로 제3자 위원회의 진정한 의뢰인은 모든 이해관계자가 되는 것이다. 이런 의미에서 제3자 위원회의 기능은 자본시장을 향한 올바른 재무 보고를 보증하는 업무라고 할 수 있다. 즉, 제3자 위원회 제도가 신뢰를 얻고 위기관리 모델로서의 역할을 하기 위해서는 무엇보다 제3자 위원회의 업무 의뢰자를 명확히 하는 것이 필요하다. 결국, 기업의 위기에 대한 경영진의 사실조사, 평가·대처·설명 등에 대한 진지한 태도가 반영된다면 제3자 위원회는 충분히 기능을 발휘할 수 있고, 실제로 제3자 위원회가 근본 원인까지 규명함으로써 회생을 이루는 기업도 있다.

4. 기업의 인권센터 설치

(1) 인권센터 설치의 필요성

최근 대학교 등의 법인에서 독립적인 인권센터를 설립하여 조직 내의 성희롱이나 성폭력, 부당한 업무지시, 차별 등 다양한 인권문제를 해결하고 인권환경을 개선하고자 노력하고 있다. 이러한 사회적 분위기와 실천에 부응하면서 더욱 체계적으로 인권을 보호하기 위해 인권센터의 설치와 운영을 법제화하기에 이르렀다. 예컨대, 2021년 3월 23일 「고등교육법」 제19조의3(인권센터)을 신설하여 모든 대학교에 독립기구로서 인권센터를 설치하도록 의무화하고 있다.[113] 이는 학교 구성원의 인권보호와 권익 향상에 기여하려는 의도에서 입법화한 것으로, 아직 기업의 인권센터의 법제화가 되지 않은 상황에서는 기업의 인권경영에 참고하여

---

113 고등교육법 제19조의3(인권센터) ① 학교는 교직원, 학생 등 학교 구성원의 인권보호 및 권익 향상과 성희롱·성폭력 피해예방 및 대응을 위하여 인권센터를 설치·운영하여야 한다.
② 제1항에 따른 인권센터는 다음 각 호의 업무를 수행한다.
1. 인권침해행위에 대한 상담, 진정에 대한 조사 및 이와 관련된 시정권고 또는 의견표명
2. 학교 구성원의 인권에 관한 교육 및 홍보
3. 성희롱·성폭력 피해예방 및 대응
4. 그 밖에 학교 구성원의 인권보호 등을 위하여 필요한 사항

적용하는 것이 필요하다. 나아가 「고등교육법 시행령」에서는 인권센터의 설치·운영 시 업무수행의 독립성을 보장하도록 규정하고 있으며 인권센터의 인력구성과 시설기준도 정하여 2023년 4월 19일부터 시행하고 있다.[114]

다양한 사람들의 이해관계가 서로 얽혀 있는 기업에서는 대학교나 국가기관보다 인권침해의 위험성이 높을 수 있어 인권침해에 대한 구제는 기업과 사회의 중대한 과제가 되고 있다. 따라서 기업에 인권센터의 설치를 의무화하여 이해관계자의 인권을 온전하게 보호하고 원활한 기업활동을 실현해 나가는 것이 기업의 지속 가능한 경영과 발전을 위해서 필요하다. 이를 위해서는 고등교육법에서 각 대학교의 인권센터의 설치를 의무화하는 것과 같은 방식의 입법적 보완이 있어야 한다.

(2) 인권지침의 제정과 업무운영 프로세스의 정립

---

114   고등교육법 시행령 제9조의3(인권센터의 설치·운영 등) ① 학교는 법 제19조의3 제1항에 따른 인권센터(이하 "인권센터"라 한다)를 설치·운영할 때에는 업무 수행의 독립성이 보장되도록 해야 한다.
② 인권센터는 다음 각 호의 인력 및 시설 기준을 충족해야 한다.
1. 성희롱·성폭력 피해예방 및 대응 업무를 담당하는 사람과 인권침해 행위에 대한 상담 및 조사 업무를 담당하는 사람을 각각 둘 것
2. 인권센터에 접수된 사건에 대한 상담 및 조사 과정에서 발생할 수 있는 폭언, 폭행 등으로부터 상담 및 조사 담당자의 안전을 보장할 수 있도록 폐쇄회로 텔레비전(CCTV), 비상벨 등의 장치가 설치된 공간을 갖출 것

인권지침을 제정하여 기업의 모든 구성원들과 거래선, 주주 나아가 일반인에게도 공표함으로써 기업의 인권경영을 분명히 명시하는 것이 필요하다. 또한 고용과 관련한 규정이나 지침, 조달에 관한 지침 등에도 인권보호의 지침이 구체적으로 반영될 수 있도록 보완하는 것이 요구된다. 나아가 업무매뉴얼이나 내부 보고, 내부 위험관리 프로세스 등 업무시스템이나 운영 프로세스가 인권지침에 따라 이행될 수 있도록 조치해야 한다. 인권지침에서 표방된 인권보호의 이념을 실무에 반영해 나가기 위해서는 기업의 경영시스템뿐만 아니라 거래처와도 인권보호에 대한 공감대를 형성하는 것이 중요하다.

(3) 거버넌스의 구축

인권지침을 경영시스템에 효과적으로 도입하기 위해서는 적절한 거버넌스를 구축해야 한다. 실제로 어떤 거버넌스 체제를 구축하고 부문 간의 정합성을 어떻게 도모할 것인가에 대해서는 예상되는 활동의 성질, 규모, 직면하는 구체적인 위험의 성질 등 기업 고유의 특징에 따라 차이가 있다. 일반적으로는 이사회, 컴플라이언스 담당부서와 사업의 개발이나 감독을 담당하는 조직, 제품이나 서비스의 판매와 마케팅 부문 등을 포괄하는 거버넌스 체제를 구축하는 것이 중요하다.[115]

---

115 이는 ESG 경영의 사회적 전략으로 근로자와 지역사회, 이해관계자로

구체적으로는 인권존중이나 지속 가능성에 관한 사항을 담당하는 총괄부서에서 업무나 기능에 따라 부서별 책임을 할당하고, 인권존중의 인식을 고양하며, 인권의 관점에서 총괄하여 집행상황을 검증하고 대처하는 것이 바람직하다. 나아가 인권실사에서 업무나 이해관계자에 대하여 사전예방을 위한 모니터링을 병행하고, 인권지침을 통합하여 관리하는 거버넌스를 구축하는 것이 필요하다.

(4) 정보의 공개와 공유

원칙적으로 정보의 내용이나 범위는 각 기업의 판단에 맡겨져 있으나 기업활동이 인권에 부정적 영향의 원인이 된 경우에는 당해 이해관계자가 편리하게 접근할 수 있도록 정보가 개방적으로 공개되어야 한다. 정보 접근의 용이성은 물리적인 접근뿐만 아니라 이해하기 쉬워야 하고 정보를 유효하게 이용할 수 있어야 한다는 의미이다. 예를 들면, 노무와 관련한 대응 내용을 노동조합과 공유하거나 인권에 관한 내용에 대해서 NGO 등 시민단체와 대화하고, 대책을 함께 논의하는 등의 방법을 생각할 수 있다.

구성되어 다양성, 형평성, 포용성 등을 공유하는 것이다.

참고문헌

1. 김균하·이경탁, "기업의 위기 커뮤니케이션 전략: 위기 유형과 사과 메시지", 지역산업연구 제43권 제2호, 경남대학교 산업경영연구소, 2022, p. 282.

2. 김대인, "인권친화적 공공조달에 대한 고찰", 인권과정의 제513권, 대한변호사협회, 2023, p. 348.

3. 김재득, "미국의 실효적 기업 컴플라이언스 운영 유인정책과 국내 시사점", 법학논총 통권 52호, 숭실대학교 법학연구소, 2022, p. 54.

4. 김신영·부귀현·조부연, "기업이 인지한 기업지원이 위기 관리정도와 기업성과에 미치는 영향", 표준인증안전학회지 제14권 제1호, 표준인증안전학회, 2024, pp. 49-57.

5. 김도윤·임수빈, "위기의 차별적 영향에 대한 생태학적 접근: 수용 능력과 국지적 경쟁을 중심으로", 기업경영연구 제31권 제2호, 한국기업경영학회, 2024, pp. 219-220.

6. 김영국, "SDGs와 ESG 시대의 위기관리 경영: 리스크 관리의 진화와 전망을 중심으로", 법이론실무연구 제12권 제2호, 한국법이론실무학회, 2024, pp. 291-302.

7. 김혜경, "기업의 형사 준법감시제도 관련 형사실체법 연구-내부통제기준과 준법감시인을 중심으로-", 법학연구 제34권 제1호, 연세대학교 법학연구원, 2024, pp. 233-240.

8. 김현주, "기업경영에서의 인권경영 도입에 관한 연구: 기업의 사회적 책임의 중심요소와 관련하여", 단국대학교 대학원 박사학위 논문, 2019, pp. 98-99.

9. 동초희, "윤리적 기업의 사회적 책임 인식과 소비자 시민행동이 구매 의

향에 미치는 영향에 관한 연구", 경기대학교 대학원 박사학위 논문, 2022, p. 26.

10. 문성, "상장회사의 ESG와 준법지원인의 역할", 상사판례연구 제36권 제3호, 한국상사판례학회, 2023, pp. 181-195.

11. 미즈무라 노리히로, "일본의 회사조직에서 작동하는 규범의식: 컴플라이언스의 사각지대에서 벌어지고 있는 사내·직장 부정행위 분석", 일본비평 제29호, 서울대학교 일본연구소, 2023, pp. 150-159.

12. 박건우, "내부고발자 보호제도의 효과성 인식에 관한 연구", 감사논집 제41권, 감사연구원, 2023, pp. 183-198.

13. 변양규·김희성, "사회 영역 ESG 법제화 동향과 기업에 대한 시사점", 산업관계연구 제32권 제4호, 한국고용노사관계학회, 2022, p. 149.

14. 송일두, "회사법상 감사위원회 제도의 개선방안에 관한 연구", 동북아법연구 제16권 제1호, 전북대학교 동북아법연구소, 2022, pp. 423-427.

15. 이인화, "WorldECR, 인권 관련 컴플라이언스를 위한 지침" 무역안보관리원 해외연구동향, 2023, pp. 1-7.

16. 이현정, "유럽인권재판소 판례 비교 분석을 통한 교차 차별에 관한 연구", 유럽헌법연구 제44호, 유럽헌법학회, 2024, pp. 123-135.

17. 이현균, "이사의 내부통제시스템 구축의무의 대상 위험과 이익 기준 검토-ESG 위험과 이해관계자 이익을 중심으로-", 사법 제1권 제63호, 사법발전재단, 2023, pp. 317-320.

18. 육태우, "기업에서의 내부고발시스템의 구축과 공익신고자의 보호: 일본의 공익통보제도를 참고하여", 강원법학 제62권, 강원대학교 비교법학연구소, 2021, pp. 672-673.

19. 이상수, "인권실사의 개념과 법제도화 가능성", 법과기업연구 제5권 제1호, 서강대학교 법학연구소, 2015, pp. 73-74.

20. 이상훈·이은정, "특수관계 인간 상표권거래와 관련된 법률적 쟁점: 형법, 공정거래법, 법인세법을 중심으로", 경제개혁리포트 2020-03호, 경제개혁연구소, 2020, p. 7.

21. 이은희, "외국의 사업자 자율 소비자불만처리제도에 관한 연구: 캐나다와 일본의 사례를 중심으로", 한국소비자정책교육학회 제3권 제1호, 소비자정책교육연구, 2007, p. 59.

22. 이충훈·노진석, "인권영향평가의 제도화 방안에 관한 연구", 법과정책 제24권 제2호, 제주대학교 법과정책연구원, 2018, p. 223.

23. 장동한·위세걸, "국제무역 비즈니스의 위기관리에 관한 연구-BCP 도입 필요성을 중심으로-", 유라시아연구 제20권 제3호, 아시아유럽미래학회, 2023, pp. 115-121.

24. 정영선, "지방정부 인권보호관 제도의 운영 성과와 개선 과제", 동북아법연구 제17권 제4호, 전북대학교 동북아법연구소, 2024, pp. 283-292.

25. 정대, "위험관리와 내부통제 개선을 위한 법적 과제", 은행법연구 제16권 제2호, 은행법학회, 2023, pp. 170-178.

26. 조홍식·박진영, "ESG와 컴플라이언스-회사법과 사회적 리스크의 맥락에서-", 환경법연구 제45권 제3호, 한국환경법학회, 2023, pp. 170-180.

27. 장명균·이동현, "기업의 경영자원이 경영자의 국제화 관심수준에 미치는 영향", 전문경영인연구 제21권 제3호, 한국전문경영인학회, 2018, p. 5.

28. 장석인, "국내기업의 ESG 경영동기와 경영전략 및 해외사례연구", 혁신기업연구 제8권 제1호, 혁신기업연구원, 2023, p. 391.

29. 장혜진·최윤정, "ESG환경에서의 공급망 실사법", 환경법연구 제45권 제1호, 한국환경법학회, 2023, pp. 255-258.

30. 전상민·최은실, "리콜 제도에 대한 기업의 인식 및 행태: 기업의 규모와 업종별 차이 분석", 한국위기관리논집 제10권 제6호, 위기관리 이론과 실천, 2014, p. 53.

31. 정상민, "자금세탁방지를 위한 내부조사와 변호사의 직무상 비밀: 스위스 연방대법원의 결정례를 중심으로", 국제법무 제14권 제2호, 제주대학교 법과정책연구원, 2022, p. 245.

32. 조연성, "기업의 사회적 책임 활동 특성에 따른 성과요인 분석", 경영컨설팅연구 제22권 제1호, 한국경영컨설팅학회, 2022, p. 384.

33. 조창훈, "미국과 우리나라의 기업범죄, 기업윤리와 컴플라이언스관련제도 비교", 경제법연구 제17권 제1호, 한국경제법학회, 2018, p.3.

34. 지진희, "불만고객에 대한 기업의 실제적 반응이 공정성과 신뢰·만족에 미치는 영향", 한국산학기술학회논문지 제16권 제6호, 2015, p.3835.

35. 황주성·이민영, "차별 없는 정보접근 보장을 위한 법제개편방향", KISDI 이슈리포트, 정보통신정책연구원, 2004, p.10-11.

36. 天野敏昭, 社会政策と企業の社会的責任について-CSRを通じた社会政策の発展に向けて-, 産開研論集 第20号, 大阪府立産業開発研究所, 2008, p.57.

37. 木村剛史·河野勇樹, 虚偽記載事案における第三者委員会と上場廃止審査などの実務上の留意点, 商事法務 No.1932, 2011.

38. 経済産業省, 責任あるサプライチェーンにおける人権尊重のためのガイドライン(案), 2023.

39. 蔵元左近, ステークホルダー対応の最前線, NBL 連載 1065号, 2016, p.25.

제7장

결론

다양한 가치관이 존중되는 현대사회에서 계속기업으로 지속성을 유지하기 위해서는 인권에 대한 이해가 중요한 요소라 할 수 있다. 기업활동에서 차별이나 괴롭힘, 아동노동이나 강제노동 등은 경영상의 위험으로 기업의 지속 가능성에 영향을 미친다는 사실을 인식하는 것이 필요하다. 구성원의 인권을 보호하는 것은 안정적으로 기업을 운영하고 매출 확대를 도모하는 데에도 중요하지만, 인권보호의 진정한 목적은 인권에 대한 부정적 영향을 예방하여 기업활동이 안정과 성장으로 이어지도록 하는 것이다. 지금까지 본서에서 인권 개념의 확대로 기업경영에서 나타날 수 있는 인권에 대한 부정적 영향을 사전에 방지 또는 대처하려는 주요 국가의 입법 동향과 운영 현황 등을 비교·분석하였다. 이를 바탕으로 글로벌 기업에 적합한 인권보호의 방향과 법제도적 대응 방안 등을 제시하였다. 그 내용을 정리하면 다음과 같다.

첫째, 인권경영을 위한 시스템의 구축과 원인에 대한 규명이 필요하다.

위기상황에 처한 기업이 이해관계자에 대한 책임을 다하려면 사실조사를 바탕으로 한 설명이 필수적이다. 사실을 확인하는 데 있어 사건발생 초기에 단서를 파악하기 위해서는 내부의 통보제도가 효과적이지만 단순히 내부통보제도만으로는 위험 정보를 파악할 수 없다. 통보자를 보호하는 시스템이 정비되어야 하고, 제도에 대한 신뢰가 확보되어야 비로소 내부통보제도가 제대로 기능을 발휘할 수 있다. 나아가 위험에 대한 정보의 취득이 가능한지 여부는 결국 기업풍토의 문제로 귀착된다. 의사소통이 원활한 기업풍토에서는 위험정보를 취득할 수 있지만 의사소통이 어려운 기업풍토에서는 그것이 불가능하다. 그러므로 의사소통이 원활한 기업풍토의 조성을 위해서는 경영진의 노력이 반드시 필요하다. 한편 기업에서 인권침해 사실을 인지한 경우에는 과감한 대처가 요구된다. 독립적이고 내외부의 전문가로 구성된 제3자 위원회와 같은 조직에서 신속하고, 철저하게 조사해야 한다.

둘째, 기업에서 올바른 인권실사와 활성화된 커뮤니케이션이 필요하다.

기업은 인권실사의 과정에서 인권보호에 부정적 영향을 미치지 않도록 주의해야 한다. 기업이 주로 문제가 되는 위험에 어떻게 대응할 것인가는 기업의 위험관리나 컴플라이언스 차원에서 매우 중요하다. 인권실사로 인해 기업의 리스크가 증가되는 것이 아니라 오히려 이해관계자의 인권을 침해할 수 있는 위험이 문제가 되기 때문이다. 인권실사에서는 인권에 부정적 영향을 특정하여 그 부정적 영향을 방지 또는 감소하고, 어떻게 대처할 것인지 전략을 수립하여 실행해야 한다. 그리고 주로 기업활동을 통해 야기·조장되거나 거래관계에 의한 상품이나 서비스에 직접 관계된 인권의 부정적 영향을 인권실사의 대상으로 해야 한다.

셋째, 인권침해에 대한 사전방지와 제도적 장치가 필요하다.

인권침해를 사전에 방지하기 위해서는 인권존중에 대한 지침을 수립해서 공표하는 것이 중요하다. 이는 당해 기업이 인권보호를 위한 책임감과 이행 의지를 천명하는 것이기 때문이다. 기업이 인권보호의 책무를 다하기 위해서는 인권지침에 사내외의 관련 전문가들의 조언과 경영진의 승인이 필요하다. 나아가 구성원과 거래처, 제품 또는 서비스와 관련되는 관계자의 인권에 대한 기대가 인권지침에 명시되고, 사내외와 일반에도 이를 공개해야 한다.

넷째, 기업에 인권센터를 설치하여 다양한 이해관계자의 인권을 보호하고 원활한 기업활동을 실현해 나가는 것이 필요하다.

기업은 다양한 이해관계자가 공존하므로 인권침해의 위험성이 높다. 따라서 인권센터의 설치는 기업의 지속 가능 경영을 위해 반드시 필요하다. 이를 위해서는 입법적 보완도 반드시 따라야 한다.

다섯째, 피해자 구제에 대한 접근(Access to Remedy)이 필요하다.

국가에서는 기업에 의한 인권침해가 발생한 경우에 피해자가 효과적인 구제를 요청할 수 있는 사법·행정·입법상의 조치를 먼저 강구해야 한다. 특히 효과적인 구제를 받을 권리를 보장하기 위해서는 적합한 사법제도가 구축되는 것이 중요하다. 글로벌 기업의 인권침해에 대한 국제적인 대처방법으로는 사건을 유발하거나 가담하는 행위를 금지하고, 기업에 책임을 부과하는 법제도를 구축하는 것이 필요하다. 또한 국경을 초월하여 상호협력을 실현하기 위해서 양자 또는 다자간 협정의 체결, 각국의 국내법 정비, 글로벌 기업의 활동에 수반되는 인권침해에 대한 수사와 기소를 담당하는 전문 조직을 정비해야 한다.

마지막으로 기업의 인권보호와 존중에 대한 표준을 정립해야
한다.

　　인공지능(AI)이나 빅데이터 등의 급속한 발전과 함께 기업에서
도 프라이버시 침해와 차별 등 새로운 형태의 인권침해가 발생 또
는 증가할 것으로 예상된다. 이에 대해서도 많은 연구와 제도의 개
선을 통해 기업의 인권보호와 존중의 표준을 정립함으로써 원활
한 기업활동과 기업의 지속적인 발전을 도모하는 것이 필요하다.

글로벌
기업과
인권경영

ⓒ 하승진 · 송기복, 2024

초판 1쇄 발행 2024년 11월 25일

지은이   하승진 · 송기복
펴낸이   이기봉
편집   좋은땅 편집팀
펴낸곳   도서출판 좋은땅
주소   서울특별시 마포구 양화로12길 26 지월드빌딩 (서교동 395-7)
전화   02)374-8616~7
팩스   02)374-8614
이메일   gworldbook@naver.com
홈페이지   www.g-world.co.kr

ISBN   979-11-388-3723-1 (03320)